ELOGIO DA BELEZA ATLÉTICA

HANS ULRICH GUMBRECHT

Elogio da beleza atlética

Tradução
Fernanda Ravagnani

Companhia Das Letras

Título original
In praise of athletic beauty

Capa
Angelo Venosa

Foto de capa
O saltador Sammy Lee/ Hulton Archive/ Getty Images

Preparação
Carlos Alberto Bárbaro

Revisão
Otacílio Nunes
Carmen S. da Costa

Dados Internacionais de Catalogação na Publicação (CIP)
Câmara Brasileira do Livro, SP, Brasil

Gumbrecht, Hans Ulrich
Elogio da beleza atlética / Hans Ulrich Gumbrecht ; tradução de Fernanda Ravagnani. — São Paulo : Companhia das Letras, 2007.

Título original: In praise of athletic beauty
ISBN 978-85-359-1082-7

1. Esportes – Filosofia 2. Estética 3. Torcedores desportivos I. Título.

07-5963 CDD-796.01

Índice para catálogo sistemático:
1. Esportes : Filosofia 796.01

[2007]

EDITORA SCHWARCZ LTDA.
Rua Bandeira Paulista 702 cj. 32
04532-002 – São Paulo – SP
Telefone (11) 3707-3500
Fax (11) 3707-3501
www.companhiadasletras.com.br

para Christopher e nosso futuro em suas mãos,

para Marco, que sempre nos leva ao limite,

em memória de Hanni, cujas jogadas eternas nos abriram o mundo,

e para os times de futebol do Stanford Cardinal, da temporada de 1989 até 2048, numa gratidão (ao menos uma vez) sem palavras

Sumário

ELOGIO DA BELEZA ATLÉTICA

Todo torcedor

De vez em quando lhe vinham lembranças do primeiro jogo da Liga Nacional de Hóquei (NHL) que assistira na vida, nos idos de 1988, quando ainda se considerava um jovem. Foi no Fórum de Montreal, uma construção em princípio sem atrativos, em algum ponto entre o centro e a periferia da cidade, construção que os verdadeiros fãs do esporte costumavam chamar de "o santuário do hóquei no gelo". O cheiro forte de nicotina dos tempos pré-ecológicos jamais abandonara o interior labiríntico do fórum, com suas escadas rolantes, suas barraquinhas, suas escadarias em caracol e os estranhos espaços abertos que pareciam vazios mesmo quando lotados durante o intervalo. Em toda a sua volta havia uma infinidade de fotos expostas, a maioria tão amarelada quanto as paredes em que estavam penduradas, algumas num preto-e-branco desbotado — fotos que celebravam equipes havia muito esquecidas e os heróis dos Canadiens. Todos os jogadores vestiam as camisas do time, encharcadas da glória do hóquei, que em Montreal são chamadas de *la flanelle tricolore* — branca ou vermelha, com uma faixa vermelha ou azul em torno do peito e um grande C no meio. Quanto mais antigas as fotos, mais parecia que as camisas eram feitas de lã, e ele ficou obcecado imaginando como seria suar ou se sentir gelado e molhado em um uniforme de lã.

Alguns dos jogadores nas fotos do início do século XX pareciam posar com o orgulho de caçadores, pensou, caçadores cujos troféus tinham ficado invisíveis e cujos rifles tinham se transformado em tacos de hóquei. E é claro que ele viu inúmeras fotos de torcedores e jogadores comemorando os vários triunfos dos Canadiens na Stanley Cup nas ruas em torno do fórum, desfilando em carro aberto, às vezes ao lado de mulheres que se esforçavam para exibir uma beleza hollywoodiana, às vezes cercados de homens que faziam lembrar Al Capone. Havia também fotos das brigas de rua, mas ele ainda não sabia que elas documentavam uma noite de protestos furiosos contra a decisão de um árbitro, uma noite de tumultos que fazia parte da mitologia dos Canadiens.

Naquela noite, os Canadiens enfrentavam seus arqui-rivais, a equipe dos Boston Bruins. Ele lembra o placar final: um empate em 3 a 3, depois de uma briga feia e sangrenta entre os dois "xerifes" de cada time. Anos depois, no caderno de esportes do *New York Times*, ele reconheceria o nome croata de um deles numa manchete e leria que, depois de alguns meses relegado às divisões inferiores, o jogador havia cometido suicídio num motel da Dakota do Norte.

O único ingresso que tinha conseguido comprar na frente do estádio — de forma ilegal, é óbvio, já que naquela época as entradas para os jogos dos Canadiens sempre se esgotavam — fora para a geral, setor que mesmo então era a última opção para um estádio de hóquei, e por bons motivos, pois do lugar onde ele finalmente se postou, depois de subir vários lances de escada no escuro, era quase impossível acompanhar as viagens-relâmpago do disco sobre o gelo. Então se concentrou no goleiro do Montreal, que, segundo o que tinham lhe contado, era muito jovem (coisa que ele não poderia ter descoberto, debaixo do capacete e do uniforme grotesco, com tantas proteções), tinha um talento enorme e evidentemente era o queridinho da barulhenta torcida.

O que imediatamente o fascinou foi o tique do goleiro: ele erguia a cabeça entre as ombreiras, como fazem as tartarugas quando acordam. Mas à diferença de qualquer tartaruga que já tivesse visto na vida, o jovem goleiro também jogava para trás, de forma ritmada, o queixo e a cabeça inteira, como se tentasse reencaixar algum osso desconjuntado. Embora esse movimento fizesse com que ele parecesse estar nervosíssimo, presa fácil para os atacantes do Bruins, suas reações eram nada menos que estonteantes — além da imaginação de qualquer um. Com uma calma quase insolente, que suspendia seus movimentos de cabeça por vários segundos, pegou com a luva discos lançados com força máxima de seis ou sete metros de distância. Foi como se estivesse esperando por eles desde que o primeiro disco fora ao chão. Nem o contra-ataque mais veloz — e contra-ataques no gelo são realmente velozes — parecia impressioná-lo, e seu olhar fixo deixava os atacantes inseguros. Se necessário, fazia o disco desaparecer debaixo de seu enorme corpo recoberto de proteções.

O nome do goleiro era Patrick Roy, e esse jovem herói do Fórum de Montreal tornar-se-ia, nos anos 1990, um dos maiores (e mais polêmicos) jogadores de hóquei de todos os tempos. Naqueles anos, durante o longo inverno de Montreal, onde quer que houvesse crianças jogando hóquei, em lagos congelados ou em rinques lotados, pelo menos um garoto, de pé ao lado da rede, tentava reproduzir o tique da tartaruga.

Movimentos que a princípio lhe pareceram esquisitos e até grotescos acabaram se tornando tão interessantes que o grudavam por horas à tela da TV. Nada era mais contrário ao cânone da beleza ocidental que as dezenas de quilos excedentes acumulados sob a pele e exibidos com orgulho pelos lutadores japoneses de sumô. Mesmo assim, nos minutos que precediam os combates, a coreografia ritualística realizada por esses atletas o cativara o suficiente para fazê-lo esquecer quão incomodado estava com aquela monstruosidade. Quando os lutadores começaram a se empurrar e se imprensar, quando suas súbitas explosões de violência os fizeram perder o equilíbrio, quando seus corpos colossais desabaram e caíram para fora do ringue, ele entendeu por que, séculos atrás, os torneios de sumô eram organizados em templos xintoístas para atrair a atenção dos deuses. E soube que, desde que tivesse a oportunidade de ver uma quantidade suficiente de sumô, um combate atrás do outro, com somente alguns segundos de luta de cada vez, encaixados entre longos minutos de tensa espera, ficaria viciado em assistir ao esporte.

Jamais esqueceria o poder do gigante Akebono, o mestre do Havaí, o lorde do Japão, ídolo das japonesas mais elegantes, a quem nenhum outro lutador de sua época pôde resistir. Ainda se lembra de uma tarde no aeroporto de Kansai, enquanto esperava Akebono aparecer na TV: de repente, como se despertando-o do sono mais profundo, uma atendente japonesa da companhia aérea lhe disse, com uma solidariedade marota, que era agora ou nunca, se ele ainda quisesse ir a Sydney. Ele nunca mais veria Akebono lutar. Quando voltou ao Japão, o *yokozuna* havaiano, o mestre dos mestres, havia se aposentado e dado início a uma carreira bastante bem-sucedida na área da propaganda.

É claro que ele sabe que, para os ocidentais, é preciso criar gosto pelo sumô, a tal ponto que há quem o confunda com mau gosto. Em certos aspectos, com o hóquei no gelo acontece a mesma coisa, especialmente por causa das brigas, que hoje todo mundo critica da boca para fora e que nenhum torcedor tradicional de hóquei quer perder (sem saber especificar exatamente onde está o fascínio). Mas poderia alguém, oriental ou ocidental, resistir à graça e à leveza de Jesse Owens correndo, como ficou registrado no famoso filme de Leni Riefenstahl, sobre a Olimpíada de 1936? A concentração de Owen nos segundos que precedem cada partida parecia tão intensa que ele ficava tentado a questionar se a maior de todas as conquistas humanas não seria justamente encontrar um meio de retomar a objetividade unidimensional de um leão caçador, assim como alguns artistas modernos haviam encontrado um meio de retomar a força de gestos arcaicos, elementares. Mas quando Jesse Owens correu e ganhou tão fácil, em vez de sorrir vaidoso, seu rosto parecia quase assustado, talvez até com um ar de quem pede desculpas pela força superior que parece tê-lo carregado para a frente dos rivais. Incrivelmente encantador Owens era com certeza, e tinha um charme que independia das diferenças de sexo.

Ele tinha visto aquelas imagens centenas de vezes e, embora não restasse mais nada a descobrir, desejava ter estado presente à Olimpíada de Berlim. Ainda não tinha visto aquelas fotos sem notar, para seu eterno embaraço, que seus olhos se enchiam de lágrimas, lágrimas que nada tinham a ver com uma possível tristeza pela história de vida nem sempre feliz de Jesse. Talvez aquelas lágrimas o definissem como um tipo antiquado de torcedor, um tipo que hoje está se tornando tão histórico quanto o filme de Riefenstahl.

Mas nem sempre é necessário ser uma estrela como Jesse Owens, Akebono ou Patrick Roy. Nem sempre é preciso ser objetivamente o melhor de todos os tempos ou o maior do mundo para que o esporte transfigure seus heróis aos olhos dos espectadores apaixonados. Para viciar no esporte, basta uma distância entre o atleta e o espectador — uma distância grande o suficiente para fazer o espectador acreditar que seus heróis vivem em outro mundo. É assim que os atletas se transformam em objetos de admiração e desejo.

Várias vezes durante a infância, seu pai o levara a jogos de futebol disputados fora da cidade (que, vergonha das vergonhas, não tinha nenhum time nas duas principais divisões nacionais), e algumas das cidades aonde eles iam eram tão inglórias quanto seus nomes muito provinciais: Fürth ou Schweinfurt. Mas a equipe de futebol do Spielvereinigung Fürth (o time preferido de Henry Kissinger) tinha uma aura futebolística conquistada nos três títulos nacionais no início do século XX. Entre outros fascínios havia a estranha abreviação do nome do clube (SpVgg), o trevo de aspecto irlandês que compunha o emblema, o vago e inexplicável tabu que parecia cercar o nome da cidade (que hoje ele acredita tenha se originado na reputação de ser "muito judia" e "muito proletária") e, acima de tudo, a previsão feita por seu pai de que pelo menos um dos jogadores, cujo nome era Gottinger, teria um grande futuro, talvez até um lugar na seleção da Alemanha.

O Schweinfurt, pelo contrário, não tinha nem passado nem futuro como time. Dois meio-campistas famosos, cujos nomes soavam como os de irmãos gêmeos, Anderl Kupfer e Albin Kitzinger, tinham jogado pelo time e pela Alemanha no fim dos anos 1930, durante a Segunda Guerra Mundial e até o início da década de 1950, mas suas conquistas só serviram para reforçar a mediocridade do Schweinfurt de sua juventude. Mesmo assim, o Schweinfurt jogava na primeira divisão, e portanto recebia com regularidade times realmente importantes. Lá por 1960, o Eintracht Frankfurt disputou uma vez a final da Eurocopa e foi destroçado por 7 a 3 pelo poder atlético e pela glória estética dos heróis já meio passados do Real Madrid — Puskas, Di Stefano, Kopa e Gento, os jogadores mais destacados de uma das melhores equipes de futebol da história. Humilde em comparação ao "real" clube madrilenho, o Frankfurt tinha um goleiro de nome meio lacônico, Egon Loy. Loy era alto e não muito elástico nos movimentos e, mesmo quando não estava de frente para o sol, usava um boné que parecia ser de lã, com um suéter de lã cinza (fizesse chuva ou sol) e joelheiras que lembravam gessos ortopédicos.

Que ele soubesse, ninguém jamais cantou as defesas heróicas de Egon Loy (aliás, nem os passes de Gottinger). É bem provável que Egon Loy tenha sido um jogador abaixo da média, naquele time bastante respeitável do Frankfurt. Mas para o garoto, era um herói. Ele nunca esquecerá o momento em que, ao voltar de um jogo em Schweinfurt, pai e filho pararam para jantar na taverna local de uma cidadezinha chamada Werneck e, enquanto ele comia sua lingüiça e continuava sonhando com o jogo, os jogadores vitoriosos do Frankfurt entraram no hotel, e o alto Egon Loy passou ao lado de sua mesa, de modo desajeitado e tão perto que, por um segundo, o garoto poderia ter lhe apertado a mão. Loy deve ter entrado no hotel junto com o elegante capitão, o meio-campista Alfred Pfaff, que mais parecia um intelectual transformado em executivo, e com o companheiro de Pfaff, Richard Kress, um ponta-direita cujo corpo rotundo não dava idéia da velocidade que conseguia atingir numa arrancada de dez metros em busca da bola. Mas o menino não viu nem Kress nem Pfaff. Só tinha olhos para Egon Loy, o goleiro de quem queria se tornar sucessor e reencarnação.

Tudo isso aconteceu muitos anos depois de a seleção da Alemanha ganhar sua primeira Copa do Mundo, em 4 de julho de 1954, em Berna. Aquele evento assumiria um simbolismo histórico (basta assistir ao clássico filme de Rainer Werner Fassbinder, *O casamento de Maria Braun*, para saber disso) como marco do fim do período pós-guerra na Alemanha, assim como a Olimpíada de Tóquio de 1964 faria pelo Japão. Mas para o menino foi o primeiro evento esportivo de que ele se lembraria especificamente, e isso era mais que simbólico. Assim como fizeram todos os adultos naquela tarde chuvosa de domingo, sem explicar por quê, ele ficou ouvindo o narrador do rádio, cuja voz soava como se tivesse tomado vinho demais (vinho, não cerveja, sugeriria a voz). Sentado diante do enorme rádio Siemens com seu "olho mágico" verde, o menino aprendeu que Toni Turek era o nome do goleiro alemão, que o capitão Fritz Walter tinha um irmão chamado Ottmar, que Helmut Rahn, um ponta-direita, fez dois gols e ganhou o jogo para a Alemanha, e que, quando a partida terminou, algo de fundamental havia mudado no mundo ao seu redor. Os adultos pulavam e cantavam uma música solene, cheia de palavras que ele nunca tinha ouvido — deve ter sido o hino nacional, talvez até aquele primeiro trecho proibido pelos Aliados por causa do imperialismo territorial que reivindicava para a Alemanha. O estado de espírito de seus pais e dos amigos deles mudara, de permanentemente subjugados para eufóricos, em questão de minutos.

Alguns anos depois de quase ter apertado a mão de Egon Loy e provavelmente uma boa década depois da primeira Copa do Mundo ganha pela Alemanha (hoje canonizada como o Milagre de Berna), ele viu, a quinze metros de distância, quando o grande Uwe Seeler, centro-avante do Hamburgo e da seleção alemã, marcou um gol lendário contra um Loy dolorosamente indefeso. Seeler chutou a bola enquanto seu corpo voava horizontalmente, rompendo seu tendão de Aquiles com um estalo profundo que o garoto (já não tão pequeno) nunca tinha ouvido antes. Tudo isso aconteceu numa Alemanha que havia não muito tempo tinha deixado para trás a sombra da guerra perdida, talvez bem demais, embora o estádio de Frankfurt ainda demonstrasse um monumentalismo arquitetônico desconfortável, que ele logo associaria à turbulenta história do país.

Naqueles anos do início da década de 1960, ele começou a ouvir a Rede das Forças Armadas em seu rádio transistor novinho em folha (depois da meia-noite e debaixo do cobertor, para que os pais não percebessem) sempre que Cassius Clay — ainda não transfigurado em Muhammad Ali — defendia seu título mundial dos pesos-pesados. Clay supria incansavelmente a demanda dos anunciantes por frases de efeito, num ritmo imprevisto, como aquela que o garoto ficou tão orgulhoso de ter entendido "ao vivo" desde Miami (e que nunca esquecerá), logo depois de uma das vitórias de Clay por nocaute contra Sonny Liston: "Ele queria o sétimo céu, então o derrubei no sétimo *round*". Algo novo entrava em seu mundo esportivo nessas noites particulares, algo que ele gostava de associar (e ainda gosta) àqueles soldados negros americanos que via no centro da cidade nas tardes de domingo e que iam à sua escola no recreio para ver os filhos, porque as mães alemãs tentavam escondê-los dos pais.

Para o menino, assistir a esportes definitivamente não era o que os intelectuais viriam a chamar de um prazer de tipo proustiano, pois não se tratava de lembrar coisas do passado. As lembranças eram no máximo secundárias, e a distância retrospectiva nunca tornava melhor o que ele tinha visto ao vivo. O esporte era uma questão de estar ali no momento em que as coisas aconteciam e em que as formas emergiam através dos corpos, uma presença real e em tempo real. É claro que algumas lembranças esportivas estavam profundamente gravadas em sua memória e até mesmo inscritas em seu corpo, porque vinham junto com o impulso de reproduzir determinados movimentos que originalmente ele nunca tinha podido fazer. Mas, embora na maior parte do tempo suas lembranças ficassem adormecidas, às vezes elas surgiam com um impacto brusco, convencendo-o, com uma nostalgia gostosa, de que nada jamais fora tão intenso ou estressante quanto aqueles momentos de presença física num evento esportivo. Lembranças assim ressoavam a cada nova experiência, tornando cada evento um pouco mais complexo, mais polifônico e polirrítmico — e de algum modo mais poderoso, conforme o garoto ia crescendo.

Os acontecimentos do presente também reforçam suas lembranças. Cada goleiro de hóquei que ele vê serve para polir ainda mais o brilho do ícone Patrick Roy em sua cabeça, enquanto a aura de Roy dá a alguns de seus sucessores a chance de fazer parte desse panteão privado em constante expansão. As lembranças da leveza divina de Jesse Owens dão mais graça a quase todo corpo jovem que ele veja movimentando-se no espaço — embora em outros momentos essas lembranças ressaltem, quase dolorosamente, quão singular Jesse Owens realmente era. Tornar o presente mais complexo e retomar o passado com uma aura que lhe confira mais glória e às vezes mais sobriedade — esses são os dois aspectos de uma transfiguração que só o esporte é capaz de produzir.

Ainda assim, ele não sabe (e talvez nem precise saber) por que assistir a esportes captura de forma tão irresistível a atenção e a imaginação de tanta gente, como ele próprio. É um fascínio no sentido real da palavra — um fenômeno que paralisa os olhos, algo que atrai constantemente, sem indicar nenhuma explicação para a atração. Por essa capacidade de fascinar, o esporte exerce uma força transformadora, conduzindo seu olhar para coisas que normalmente ele não apreciaria, como lutadores grotescos de tão obesos, bonés de lã com dísticos ou corpos seminus sem nenhum interesse sexual.

Será que a atração seria mais intensa se ele conhecesse as razões? Talvez sim, embora em geral os prazeres não precisem de tal legitimação, que pode degenerar tão facilmente para palavras bem-intencionadas demais, e portanto vazias. O esporte não precisa desse tipo de bênção verborrágica. De qualquer modo, ele não quer descartar a possibilidade de que tentar entender seu fascínio possa intensificar seu prazer e ajudá-lo a aprender a louvar as conquistas de seus heróis, ontem e hoje.

1. Definições

Seu herói é um *quarterback*, o líder do time de futebol americano, que está sendo combatido pela defesa do time adversário. Na última fração de segundo antes de ser interceptado, com um jogador da linha ofensiva do outro time literalmente na cara dele, ele lança a bola no ar. O mundo diante de você fica em câmera lenta, e embora a bola possa voar na direção do setor do estádio em que você está, você não consegue prever para onde exatamente ela vai e quem irá pegá-la. E então você teme, com o nervosismo apaixonado de um jogador que apostou todo o dinheiro em um só número, que alguém do outro time intercepte o passe.

Mas, enquanto a bola, girando, descreve uma curva improvável diante de seus olhos e começa a descer gradativamente, um jogador do seu time, alguém em quem você nunca tinha reparado, aparece de repente perto do lugar onde a bola vai aterrissar. Esses dois movimentos, a bola no ar e o jogador correndo no campo, emergindo em sua visão periférica, convergem numa forma que se revela no mesmo momento em que começa a desaparecer. O receptor pega a bola — com dificuldade, mas consegue — e, protegendo-a com os cotovelos, escapa da marcação do time adversário e corre numa direção que ninguém (nem você, é claro) teria imaginado. Por um momento, parece que a chama que sai dos olhos dele atinge diretamente os seus.

Entre esses movimentos, entre o olhar do jogador e a sua percepção, o mundo volta ao ritmo normal, e você respira fundo, o peito quase estourando de tão aliviado, tão orgulhoso e tão esperançoso, depois da bela jogada que já desapareceu e que nunca mais se repetirá em tempo real. O estádio urra, não há outra palavra, com 50 mil vozes mais a sua, num uníssono de alegria. Você se levanta, de emoção, e sente-se engolfado por uma onda de felicidade coletiva. Mais tarde, caminhando do estádio para o carro, no ar fresco da noite de outono, mais exausto que em qualquer outro momento da semana, você se lembra daquela linda jogada e, outra vez, sem a tensão e a ansiedade pelo desfecho do jogo, ela faz seu peito encher e seu coração bater mais rápido. Em sua memória, você consegue recriá-la em sua forma e, conforme se concentra na lembrança, sente um impulso percorrer seus músculos, como se para corporificar o feito de seu herói.

Agora pense em seus outros heróis: em Pelé, Maradona e Zinedine Zidane, em Michael Jordan, Hortência ou Oscar, pense em Ayrton Senna. Se você se dispõe a admitir que é um fã de esportes típico dos nossos tempos, um entre os milhões que acompanham seus times favoritos, semana após semana, por horas e horas ao longo dos anos, você tem intimidade com experiências como essa, e deve conhecer bem as sensações intensas que imagens assim são capazes de despertar. E em algum momento você provavelmente se perguntou por quê.

Por que os amantes do esporte deveriam aprender a elogiar os atletas e suas conquistas? A pergunta aponta para duas direções. Existe uma necessidade de elogiar os atletas ou basta que gostemos de assistir ao que eles fazem? Retomarei esse problema mais tarde. Mas, supondo que encontremos um motivo forte para elogiar os atletas, por que parece tão difícil usar as palavras certas e, acima de tudo, o tom certo?

Certamente é possível encontrar textos bons e muitas vezes entusiasmados nas seções de esportes dos jornais todos os dias. O verdadeiro problema surge quando começamos a procurar elogios à beleza atlética no mundo da "alta cultura". Os Estados Unidos parecem ser um oásis em comparação ao deserto que é o resto. Escritores renomados da ficção norte-americana, como Norman Mailer, Joyce Carol Oates, John Updike e Tom Wolfe, dedicaram ensaios famosos a estrelas, eventos e ambientes esportivos. Outros, como Red Smith e George Plimpton, começaram a carreira cobrindo lutas de boxe e jogos de hóquei, e só depois obtiveram reconhecimento literário (incluindo, no caso de Smith, a façanha de ter sido o primeiro jornalista esportivo a ganhar o Prêmio Pulitzer). Talvez o comentário esportivo tenha se tornado uma especialidade norte-americana devido à importância sem paralelos que o esporte tem no sistema educacional dos Estados Unidos, especialmente no nível universitário.

O panorama é bem menos encorajador quando olhamos para outros países. E, se nos concentrarmos em publicações acadêmicas, o deserto predomina em ambos os hemisférios. Na academia mundial, o esporte, como fenômeno social ou cultural, é, quando muito, um assunto periférico. É verdade que nas últimas décadas tornou-se uma espécie de moda para o típico intelectual ocidental acrescentar a seu currículo e a sua imagem pública o item "fã(nático) de esportes"; mesmo assim, é difícil distinguir essa atitude de um tipo narcisista de condescendência. Os intelectuais europeus, em particular, dificilmente torcem para os times que ocupam os sonhos daqueles a quem eles se referem como "as massas". Ao escolher os mais fracos e desamparados, eles transformam seu papel de torcedores em mais uma estratégia para produzir capital cultural na forma de comprometimento social — e para se sentir bem consigo mesmos.

Os intelectuais, tanto orientais quanto ocidentais, perderam não só o tom da escrita, mas também a disposição afetiva, e as duas coisas são difíceis de recuperar. Foi realmente uma perda, porque não é exagero (embora talvez seja uma ligeira simplificação) afirmar que a poesia européia começou com o elogio aos atletas nas odes de Píndaro. É claro que, assim que tentamos compreender seus exuberantes poemas, nos damos conta de que os atletas que eles louvam nunca ocupam o foco principal, pelo menos não do modo como nós, modernos, esperaríamos. Seus nomes e as competições que venceram em Olímpia ou em Delfos quase não são mencionados nos títulos que encontramos nas edições acadêmicas. A substância dos textos de Píndaro consiste de construções complicadas, às vezes impenetráveis, baseadas na mitologia e na teologia, na genealogia das famílias dos atletas e na história das cidades-Estado que eles representavam — tanto que alguns estudiosos passaram a encarar esses poemas como os documentos mais autênticos que possuímos para compreender a cosmologia da Grécia antiga. O que os atletas realmente conquistavam no estádio ou no ginásio só aparece, se é que aparece, de passagem, e em termos bem genéricos. Veja, por exemplo, estes versos da olímpica *Ode sobre Teron de Acragás, vitorioso na corrida de carruagens*:

Dominar esse esporte glorioso, em que competem
Carros velozes e bravas façanhas.
Determinada minha alma está, a glórias recitar.

Em vez de descrições detalhadas e coloridas dos carros velozes e das bravas façanhas, o que vemos em destaque é o desejo do poeta de fazer o elogio.

Ainda mais comuns — e sem *nenhuma* sugestão visual — são as listas que simplesmente registram, de forma meticulosa, os vários triunfos dos heróis atléticos de Píndaro. Diágoras de Rodes, por exemplo, não apenas tinha dominado a competição de boxe em Olímpia mas também

Quatro vezes num famoso amistoso coríntio, a sorte novamente o abençoou,
Vezes e mais vezes em Neméia, e na montanha pedregosa de Atenas
[...]
A ele o bronze de Argos, a ele as obras da bigorna tebana forjaram,
A ele os prêmios da Arcádia, e os jogos rituais da Boécia conheceram,
E Pelene. Para casa ele trouxe
De Egina seis triunfos, nada mais que esse registro a pedra de Megara
Tem sobre ele.

O entusiasmo religioso e a autocelebração cultural são temas dominantes no elogio pindárico aos atletas do século V a.C. Tal postura, tão distante das emoções que hoje preenchem os eventos esportivos, torna difícil entender seus hinos. Mas não há dúvida de que o poeta queria criar a imagem mais monumental que sua língua fosse capaz de produzir daqueles maravilhosos corredores e pilotos de carruagem, daqueles boxeadores e lutadores imbatíveis. Essa determinação em ver e em valorizar a beleza atlética como encarnação dos valores mais altos da cultura é o que desejo chamar *elogio*. E essa capacidade de fazer elogios é o que perdemos — ao ponto de a própria idéia nos parecer embaraçosa.

Em vez de fazer elogios à beleza atlética, muitos discursos sobre esportes dos intelectuais de hoje diminuem, e às vezes chegam a condenar, a significância dos atletas famosos. É bem provável que a referência ao esporte como a "mais bela marginalidade da vida", que há tempos ganhou popularidade na Alemanha (*die schönste Nebensache der Welt*), seja a caracterização mais positiva e solidária que possamos encontrar entre os representantes da alta cultura. "Marginalidade", aqui, não se refere exclusivamente à ausência de funções práticas do esporte em nosso cotidiano. A literatura, a música clássica e as artes visuais têm a mesma ausência, mas ninguém se atreveria a chamar as sinfonias de Beethoven, as odes de Keats ou os afrescos de Giotto de marginais. Na realidade, a referência à marginalidade do esporte funciona como uma advertência bem-humorada sobre o risco de levar os prazeres que ele oferece a sério demais. Para um intelectual norte-americano, pode ser "moderno" se apresentar como torcedor do Boston Red Sox, que tanto tempo ficou na fila, ou do time de futebol americano Notre Dame, com seu passado mítico, mas confessar que assistir a esportes é uma parte central de sua vida o fará parecer patético aos olhos dos colegas.

A coisa fica bem pior quando os acadêmicos abrem seus laptops para escrever sobre esporte. Quando intelectuais, mesmo que sejam intelectuais que adoram esporte, aplicam aos eventos esportivos as ferramentas nas quais foram treinados, eles com freqüência se sentem obrigados a interpretar o esporte como um sintoma de tendências altamente indesejáveis. Alguns críticos acadêmicos chegaram até a denunciar que o esporte é uma conspiração biopolítica originária da delegação do poder estatal a micropoderes auto-reflexivos. De acordo com essa visão, pela prática e acompanhamento do esporte, regulamos e contemos nossos corpos contra nossos interesses individuais. E é raro que a popularidade sem precedentes dos esportes profissionais seja evocada pelos acadêmicos sem ser imediatamente interpretada como sinal de decadência ou no mínimo de alienação em relação a uma suposta "autenticidade" atlética, que jamais é definida com clareza. Até mesmo os historiadores e cientistas sociais que conseguem escapar a esse tom agressivo dificilmente deixam de identificar o esporte como a satisfação de uma função apenas secundária dentro de um sistema maior e mais poderoso.

O grande historiador da cultura Norbert Elias, por exemplo, explicou a ascensão do esporte no início da era moderna como um estágio da civilização ocidental que serviu para controlar e subjugar os corpos humanos — um objetivo ao qual a cultura ocidental demonstrou grande dedicação, como sabemos pela obra de Michel Foucault e de outros autores. Na análise do sociólogo francês Pierre Bourdieu, o esporte serve à causa da diferenciação e da distinção social: agradecidamente aprendemos com ele aquilo que sempre soubemos, que jogar tênis ou golfe é uma ferramenta útil para acelerar a ascensão social. Embora a importância dos esportes seja quase insignificante quando vista sob a ótica sóbria dos termos estatísticos (um assessor de um time da liga de beisebol dos Estados Unidos me disse que a renda anual das organizações esportivas profissionais mais famosas é menor que a de uma loja de departamentos média), todos nós já ouvimos — inúmeras vezes, e acreditamos — que o que move a produção de um evento esportivo é apenas e tão-somente o interesse financeiro.

E quantas vezes a Olimpíada de 1936 na Alemanha nazista não foi invocada para decretar definitiva e irrefutavelmente que o esporte é um instrumento de manipulação política — deixando de acrescentar o fato, bem mais interessante, aliás, de que foi

Adolf Hitler quem se sentiu derrotado pela excelência e pela visibilidade internacional obtida pelos atletas afro-americanos na sua capital? Ironicamente, o inverso dessa visão — transformar o esporte num meio de identificação com os oprimidos, como tendem a fazer alguns intelectuais e acadêmicos — não constitui grande avanço para o elogio e a apreciação da beleza atlética, pois trata-se mais uma vez de escrever sobre esporte em nome de uma causa não-esportiva.

Na mais amena de suas posições, sociólogos e humanistas, em livros que se não fosse isso seriam bastante interessantes, tentam nos esclarecer com sua opinião de que o esporte é algo diferente do que aparenta ser. Desde os anos 1930, o antropólogo francês Roger Caillois vem sendo aclamado pela crítica por sua visão de que o atletismo pertence à dimensão do "sagrado" — uma tese que pode ser resumida na idéia de que o esporte é um tipo específico de drama, e em virtude de o drama, à semelhança das cerimônias sagradas, ocorrer a uma certa distância da vida cotidiana, o esporte deve ser portanto uma dimensão do sagrado. Na terra prometida da pesquisa acadêmica — a Alemanha —, nas últimas décadas, tornou-se um exercício de nadar contra a corrente convencer qualquer integrante respeitável da *intelligentsia* de que os eventos esportivos possuem uma realidade sólida e primária que vai além (ou aquém) de sua apresentação como espetáculo de mídia. Obscurecer a diferença entre um Nintendo e a Bundesliga, a liga profissional de futebol da Alemanha, funciona como prova de modernidade. E se algum autor acadêmico oferecer, generosamente, um sopro de realidade ou talvez até um grão de inteligência ao esporte, ele normalmente o fará com aqueles gestos pomposos de condescendência a que já aludi. Não é esse desafio nem esse estilo intelectual que estou buscando.

Por que, afinal, as reclamações chatas e a condescendência arrogante prevalecem nos escritos dos intelectuais sobre esporte?

Por que é tão difícil para eles fazer um elogio ao esporte? Isso não indica uma incapacidade, por parte dos acadêmicos, de se concentrar nos movimentos a que alguns de nós assistimos com tanta paixão na TV ou no estádio? O problema não pode estar no fato de que todos os objetos passíveis de descrição estão em movimento (ou, para usar o termo filosófico de Husserl, "objetos temporais no sentido estrito"). A crítica musical e a musicologia enfrentam a mesma dificuldade no que diz respeito aos acontecimentos no tempo, e lidam com ela bastante bem, até os níveis mais elevados de elogio. Foi sobre essa base que Theodor Adorno, um dos grandes filósofos do século XX que tentaram pensar sobre a música, conseguiu dar uma função política ao elogio da música — e pela primeira vez de modo bem convincente.

Pode-se pensar em várias outras explicações para a dificuldade de fazer elogios ao esporte. Devemos levar em conta, por motivos históricos complexos, que o esporte, na cultura ocidental moderna, já não é mais um fenômeno tão consagrado como era, pelo menos, na Grécia antiga. Essa perda de status torna inadequado para os guardiães da alta cultura fazer elogios ao esporte; para usar termos mais simplistas: não é trabalho deles. Um motivo mais genérico (e convincente) para a incapacidade dos intelectuais de fazer elogios ao esporte é que nos sentimos obrigados a *criticar* — apenas e permanentemente criticar. Esse legado do Iluminismo, quando nossos antecessores encaravam como sua missão exclusiva atacar de forma incansável a sociedade feudal, reduziu severamente a variedade de discursos e missões permissíveis que nos dispomos a adotar. É certamente difícil, se não impossível, ver o esporte como *instrumento* de crítica, em vez de alvo.

Acima de tudo, porém, acho que o problema que enfrentamos para focalizar nossos escritos nos eventos esportivos tem a ver com a tradição da metafísica ocidental, e com a obsessão da cultura ocidental moderna em enxergar "além" dos aspectos que ela considera meramente materiais (ou meramente corpóreos) de nossa existência. A visão metafísica do mundo não nos obriga apenas a fazer distinções claras entre o que vemos como material e o que entendemos como espiritual em nosso mundo. Ser metafísico também significa enfatizar e privilegiar constantemente o lado espiritual dessa divisão, considerando-o a realidade mais importante. As formas produzidas por movimentos corporais e a presença desses corpos — parece afirmar uma voz cheia de credibilidade — simplesmente não podem ser importantes o suficiente para se tornar alvo de preocupação, muito menos para que se escreva sobre elas. Queremos desesperadamente que os corpos dos atletas sejam tudo "menos" os signos para alguma coisa espiritual, ou pelo menos psicológica ou mental, ou no *mínimo dos mínimos* sociopolítica — uma conspiração de classes ou algo do tipo.

Seria fácil demais, no entanto, achar que escrever sobre o esporte como esporte é um método eficaz de contrariar esse hábito intelectual e discursivo. O que poderia significar, afinal de contas, escrever sobre o "esporte como esporte"? Não é fato que toda descrição interessante dependerá da possibilidade de recorrer a tropos de abstração, à metonímia ou à metáfora? Não necessariamente, em minha opinião; o que estou me comprometendo a fazer neste livro, portanto, é uma coisa bem diferente e simples: vou tentar manter os olhos e a mente concentrados nos corpos dos atletas, em vez de abandonar o tópico do esporte para "interpretar" esses fenômenos como uma "função" ou uma "expressão" de alguma outra coisa. Para concretizar essa intenção, há muito que aprender com os desavisados textos esportivos de todo dia.

Se eu conseguir resistir às vozes poderosas (ou devo dizer impulsos poderosos?) do cânone cultural, a posição crítica e a metafísica, ainda terei de fazer uma opção fundamental, mas difícil, sobre o objeto. Devo eu me concentrar no que é praticar esportes e ser um atleta ou no que é assistir a esportes e ser um fã? Já que simplesmente me falta competência no esporte ativo, e como mesmo assim sempre fui apaixonado por acompanhá-lo, escolhi de forma bastante sensata a segunda alternativa. Assim, o livro que você está lendo é, unilateralmente, um livro sobre os prazeres do público esportivo, embora mais adiante eu vá descrever rapidamente a diferença que vejo entre como um atleta experiente e um simples fã assistem a eventos desse tipo.

Logo de cara quero também enfatizar que quando assisto a esportes não estou em busca de nenhum objetivo intelectualmente (ou mesmo eticamente) edificante. Apenas gosto dos momentos de intensidade que esses eventos proporcionam, e por isso tenho profunda gratidão aos tantos atletas que jamais conhecerei pessoalmente. Mas também guardo alguma esperança de que o sentimento de comunhão que me invade quando torço para meus times e pelos heróis que admiro seja algo mais que a mera satisfação de uma fantasia infantil. Às vezes, a distância entre mim e meus heróis atléticos parece ficar menor do que a maioria de nós tende a acreditar em nossa racionalidade cotidiana. Talvez não devamos descartar a possibilidade de que o fato de assistir a esportes nos permita ser, subitamente, de alguma maneira, um daqueles lindos e lindamente transfigurados corpos. Já há muitos anos tenho consciência de quanto aprecio essa vaga e poderosa sensação. Admito o risco de que ela possa se revelar uma ilusão, mas quero pelo menos descobrir exatamente de que modo o desempenho atlético produz essa sensação — ou essa ilusão — de singularidade.

A pergunta feita no início deste capítulo e que ainda não respondi questionava por que deveríamos nos dar ao trabalho de fazer elogios à beleza atlética. Certamente não temos as mesmas motivações religiosas, políticas e econômicas que levaram Píndaro a fazê-lo. Em seu grande romance *O homem sem qualidades*, o autor austríaco Robert Musil ficou obcecado com a dúvida sobre se era ou não possível usar o substantivo *gênio* na descrição de um cavalo de corrida. Discordando da opinião da maioria dos especialistas em Musil, sempre tive a convicção de que havia algo de mais sutil que um problema filosófico facilmente identificável por trás dessa obsessão (sendo que o problema tradicional facilmente identificável era: podemos e devemos separar em termos estritos o conceito de inteligência de tudo que há na esfera física?). O que considero mais interessante que esse problema é a impressão (e, como disse, pode ser apenas minha impressão — há leitores competentes que acham que a pergunta é pura ironia) de que Musil achava sedutora a idéia de chamar de gênio um cavalo de corrida porque, ao fazê-lo, estava obtendo permissão para elogiar a beleza dos movimentos elegantes do cavalo sem ter de transformá-los em algo com outro significado. Essa possibilidade fascinou grandes místicos (não apenas na tradição européia), que se concentraram em objetos físicos ou em sensações físicas sem nunca chegar a transformá-los em significado. Minha leitura das motivações de Musil é coerente com o fato de que ele era um grande admirador dessa forma mística de espiritualidade.

É também revelador o fato de que o único gênero de discurso para o qual Aristóteles, em sua *Retórica*, não identificou uma função específica tenha sido o gênero epidíctico, o gênero do elogio (ou, quando necessário, da censura). Numa atitude que hoje podemos descrever como antimetafísica, ele insistiu que não devemos elogiar apenas as virtudes daqueles que admiramos, mas também, e acima de tudo, suas conquistas. Em sua clara advertência contra a tendência de deixar nossa atenção ir além do mundo puramente material, vejo um desejo de se concentrar nas coisas que nos cercam e de trabalhar em nossas relações com essas coisas — e nada mais. Aristóteles prosseguiu observando que, através do elogio, atribuímos "beleza e importância" aos objetos do elogio, e encerrou o trecho sobre o discurso epidíctico ressaltando a adequação do tropo da amplificação para o gênero — afirmando que o melhor modo de elogiar o que amamos é usar mais palavras e variações de determinadas descrições.

Os atletas, ora, não vão ganhar grande coisa (nem melhorar o desempenho) com nossas manifestações de entusiasmo sobre suas conquistas — quase o mesmo tanto que os que já partiram ganham com os discursos fúnebres em que homenageamos sua vida. É portanto tentador imaginar que o desejo de fazer elogios à beleza atlética venha da simples gratidão do público. Embora meus atletas favoritos nunca irão ler o quanto admiro sua maestria, e embora eu não acredite, como Píndaro acreditava, em deuses que tenham me dado a capacidade de ter prazer ao assisti-los, ainda assim me sinto grato — uma gratidão que faz parte do meu entusiasmo — pelo prazer de assistir ao esporte. Elogiar o esporte me permitiria manifestar essa gratidão. Parece haver aqui um ponto importante sobre como enxergamos nossa própria existência em relação ao mundo em que vivemos — algo que resiste a minha primeira tentativa de encontrar respostas mais precisas.

Mas a pergunta sobre o porquê de devermos, incondicionalmente, elogiar o que amamos não é a única questão em aberto. Uma outra é como fazer isso. Que palavras serão adequadas e aceitáveis para a tarefa? Apesar de Aristóteles, não acho que a amplificação discursiva ainda possa nos ser útil hoje. Desde o início do século XIX, os leitores ocidentais passaram a desconfiar de hinos e odes de louvor. Na cultura atual, eu apostaria em uma perspectiva analítica. Secretamente, de alguma maneira, suspeito eu, a análise produziu um novo gênero epidíctico. As melhores apreciações críticas das artes visuais, da literatura e da música revelam quão complexa e multidimensional é cada obra, e como seu resultado e seu efeito dependem dessa complexidade. Essa será exatamente a minha abordagem ao elogio dos vários tipos de esportes que gostamos de acompanhar. Ela me obrigará a manter-me concentrado nas formas da beleza atlética em toda sua complexidade, em vez de ceder ao impulso metafísico de interpretá-las, e talvez produza sacadas filosóficas que extrapolem o esporte. Se serei ou não capaz de elogiar a beleza atlética analisando-a — revelando sua complexidade para que todos a vejam — será um dos parâmetros para mensurar o sucesso deste experimento intelectual.

Vou começar tentando explicar uma decisão que foi o ponto de partida (por enquanto tácito) para o meu livro, ou seja, vou descrever o que quero dizer exatamente quando — diferentemente de muita gente, até de muitos outros fãs de esportes — chamo os esportes de *belos*. Essa nova questão enseja o desafio de uma nova definição. Descobrir o que a beleza significa em relação ao esporte deve ser, mas nem sempre é, uma precondição essencial para fazer elogios ao esporte. Pelo contrário, a escassez de elogios ao esporte, principalmente ao esporte amador, que observamos na sociedade atual vem embalada no raso lugar-comum de que "uma bela mente habitará um belo corpo". São bem poucos os admiradores do esporte que levam essa idéia a sério, por causa da metafísica evidente da ênfase implícita na "bela" mente. Como bem disse uma vez um treinador de saltos ornamentais de Stanford, referindo-se ao esporte ao qual dedicara a maior parte de sua vida adulta: "Se quiser desenvolver o caráter, vá fazer outra coisa".

BELEZA

Todos nós conhecemos fãs do esporte que, entusiasmados, chamam de *belos* uma seqüência de patinação artística, um drible ou uma jogada de basquete. Mas a maioria das pessoas que aplicam essa palavra ao esporte hesitaria, em princípio, em associar seu "ato discursivo" a uma experiência estética, mesmo admitindo que chamar de bela alguma outra coisa *que não seja esporte* (uma flor, digamos, ou uma mulher atraente) é sim uma experiência estética. Se você perguntar a intelectuais por que, na opinião deles, os eventos esportivos atraem tantos milhares de espectadores, em vez de invocar a estética eles muito provavelmente recorrerão a truísmos condescendentes da psicologia pop. "Pessoas que são perdedores na vida real gostam de se identificar com vencedores no estádio" ou "Torcer de forma ruidosa por um time é um meio fácil de aliviar as tensões" ou "A competitividade é onipresente em nossa sociedade capitalista de consumo". Ao que parece, não achamos apenas difícil elogiar o esporte; também achamos difícil admitir que o fascínio pelo esporte possa ter raízes respeitáveis no âmbito do apelo estético.

A maioria das pessoas que se consideram cultas tende a acreditar que experiências estéticas só podem ser desencadeadas por um conjunto limitado de objetos e situações consagrados: por livros que se apresentem como "literários", pela música executada em salas de concerto, por quadros pendurados em museus ou por dramas que se desenvolvam num palco. O fato de ser tão conservador com respeito ao cânone permite a esse grupo de elite utilizar a experiência estética como instrumento de distinção e privilégio social — instrumento de distinção, aliás, que a autoproclamada classe média culta gosta de usar como arma de agressão social, mais contra os "novos ricos" que contra os ignorantes, pobres e oprimidos. De acordo com essa visão, os times que milhões de pessoas comuns acompanham, e dos quais alguns multimilionários são até donos, jamais seriam dignos o suficiente para serem confundidos com algum tipo de experiência estética. Mas não seria a concretização de uma utopia — pode-se protestar — ver uma grande quantidade de pessoas comuns, com uma meia dúzia de multimilionários, compartilhando a mesma experiência estética? Na maioria das respostas dos intelectuais a essa pergunta, declarações de hipocrisia em nome do compromisso social e um desejo visceral de manter intactas as distâncias entre as classes começam a entrar em confronto de modo tragicômico. Do outro lado da separação social, jamais passaria pela cabeça do típico fã de esportes que ver seu time jogar possa ser uma forma de experiência estética. Eles também já interiorizaram essa distinção cultural.

Uma tentativa de compreender as implicações do uso cotidiano da palavra *belo* foi o ponto de partida da análise da experiência estética feita por Immanuel Kant em sua *Crítica do juízo*, uma das grandes obras da filosofia ocidental. Se, baseando-me na obra de Kant, insisto que assistir a esportes realmente corresponde às definições mais clássicas de experiência estética, não é para dar uma nova aura a formas não-canonizadas de prazer. Como disse antes, os esportes não precisam dessa comenda — eles já estão disponíveis para a apreciação potencial de todo mundo, e essa é uma das características mais positivas (e mais freqüentemente destacadas) do esporte. Além do que, eu nunca seria capaz de negar que assistir a esportes tem seu lado ruim: pode alimentar o estresse, agressões, vícios e hábitos pouco saudáveis — tudo que se possa imaginar. Sustento apenas que essas atrações (ou perturbações atraentes, dependendo do seu ponto de vista) não devem nos desviar da explicação central e conceitualmente mais óbvia para a popularidade disseminada do esporte — seu apelo estético.

Para Kant, a palavra *belo* vem de um "juízo de gosto" realizado numa situação de "satisfação pura e desinteressada". A palavra importante nesse ponto é "*desinteressada*", em seu sentido não-corrompido de "não ter interesses ocultos". (Algumas pessoas hoje entendem a palavra como significando apenas "sem interesse", mas não era isso que Kant tinha em mente.) Ver seu time jogar bem ou assistir a seu atleta favorito quebrar um recorde jamais terá algum resultado objetivo em sua vida cotidiana. Você pode estar nas nuvens ao deixar o estádio depois de um jogo emocionante, e pode até conseguir um reforço em sua auto-estima, mas até chegar ao carro ou ao metrô você já terá se acalmado o suficiente para perceber que, como em todas as outras vezes, não dá para capitalizar concretamente em cima da experiência de ver seu time ganhar. No caminho para casa e no dia seguinte, você pode até continuar aproveitando a sensação excepcional de felicidade provocada pelo que presenciou, mas não terá ilusões sobre potenciais conseqüências positivas dessas sensações em seu status social ou em sua conta bancária.

Essa desconexão em relação ao cotidiano é o que alguns filósofos descrevem, desde o fim do século, como a autonomia ou a insularidade da experiência estética. Eu me atreveria até a afirmar que mesmo os atletas que claramente têm um objetivo em jogo — amadores que querem ser contratados por um time profissional, por exemplo, ou competidores olímpicos que querem conquistar patrocínios, ou jogadores profissionais cujo valor no mercado depende de seu desempenho — esquecem esses interesses externos no meio do jogo ou da competição. Embora o dinheiro possa ser uma motivação forte, durante um jogo tenso Ronaldinho Gaúcho não pensa em seu contrato multimilionário na hora de bater um pênalti. Nem os grandes fundistas africanos terminam suas maratonas com tenacidade e elegância incomparáveis porque querem deixar a ameaça da pobreza para trás. Muito pelo contrário, sabemos que o fato de ser capaz de deixar de lado tais preocupações objetivas durante o desempenho atlético é um componente importante da competência dos esportistas e uma precondição básica para seu sucesso. Como se diz no tênis, essa capacidade de se desligar das pressões externas é o que permite aos jogadores "fazer grandes pontos".

Numa segunda observação, Kant ressalta que o juízo estético "não está nem *baseado* em conceitos nem os *visa*". A sensação que temos de que algo é ou não bonito depende exclusivamente de um sentimento interior "de prazer ou desprazer". Não precisamos de conceitos que justifiquem esse juízo estético, porque, como normalmente não há nada do mundo cotidiano em jogo, não precisamos traduzir nosso prazer pessoal para que os outros o compreendam. E, como é o mundo cotidiano que produz diferenças e hierarquias entre os indivíduos, também se depreende que — afastados de tais diferenças e hierarquias — podemos ter a expectativa de que outros seres humanos tenham os mesmos juízos de gosto que nós. Esse terceiro ponto é o que Kant chama de "universalidade subjetiva". Ele não tenta prever que todos chegarão ao mesmo juízo estético sobre determinado livro, concerto ou jogo de futebol. O que ele quer ressaltar é que nossos atos de juízo estético sempre implicam a expectativa de que todos concordem — talvez até um convite para isso. E, realmente, com o tempo as opiniões com freqüência tendem a se aglutinar a respeito do que é bonito e do que é menos bonito; mas isso já vai além daquilo que Kant queria enfatizar.

Esse certamente é o caso do esporte. Com a multiplicidade de eventos esportivos disponíveis hoje em dia, é impressionante ver o quanto e com quanta freqüência os torcedores convergem no entusiasmo e na intensidade com que vivem e mais tarde relembram determinados momentos decisivos — e isso acontece independentemente de quem tenha ganhado ou perdido a competição. Pergunte a torcedores alemães de futebol com mais de cinqüenta anos, por exemplo, quais foram os maiores jogos da história da seleção alemã, e bem poucos deixarão de mencionar (assim como fariam os torcedores italianos) a dramática semifinal da Copa do México, em 1970, que a Alemanha perdeu por 4 a 3 para a Itália na prorrogação. Do mesmo jeito, grandes conhecedores do atletismo invariavelmente citarão a corrida em que o velocista Roger Bannister quebrou a lendária marca de quatro minutos para a distância de uma milha (1609 metros) como um dos momentos mais gloriosos do esporte — apesar de muitos outros atletas terem superado esse recorde desde então. Admiradores do boxe jamais esquecerão o drama dos três confrontos entre Muhammad Ali e Joe Frazier, não importa para qual lutador estavam torcendo (se é que alguém estava torcendo para Smokin' Joe Frazier). Em qualquer dos casos, pelo critério da universalidade subjetiva, não há dúvida de que os esportes parecem se qualificar como experiências estéticas.

Quando Kant conclui sua análise sobre o juízo de gosto, ele pergunta o que é aquilo a que reagimos com uma sensação interna de prazer — o que é essa coisa que chamamos de *beleza*? "*Beleza* é a forma da *intencionalidade* de um objeto, que é percebida nele *sem a representação de um fim*." Há um paradoxo proposital nessa descrição. Por um lado, não é preciso que a coisa tenha uma intenção para que seja bela. Por outro, porém, tudo que consideramos belo parece ter uma intenção (tem a forma da intenção, diz Kant). É claro que um duplo *twist* carpado executado com perfeição numa coreografia de ginástica olímpica não tem nenhum objetivo para nossa vida normal, mas essa multiplicidade de movimentos do corpo converge para produzir uma impressão de intencionalidade. Essa observação constitui a base sobre a qual Kant associa a arte à natureza: "A arte bela é arte desde que parece, ao mesmo tempo, ser natureza". Pois a natureza também causa impressão de intencionalidade sem que isso seja seu objetivo. É isso, pelo menos, que podemos entender hoje da argumentação de Kant — talvez o próprio Kant explicasse sua tese de modo diferente, já que os pensadores setecentistas eram mais inclinados que nós a atribuir intenções à natureza.

Com freqüência temos a impressão, quando assistimos a esportes, de que uma jogada ou um movimento bonitos são atitudes naturais do atleta que os produziu. Devemos, então, chamar de obra de arte um saque potente num jogo de tênis? Kant diria que isso é ir um pouco longe demais. Obras de arte, na opinião dele, são produzidas com a intenção de se tornar objetos duradouros que sejam reconhecidos como obras de arte. A maioria dos atletas não tem essa intenção quando atua, embora possamos passar por uma experiência estética quando assistimos à performance. Como confirmou uma vez um amigo querido e eminente historiador da arte, a arrancada de Jesse Owens no trecho final do revezamento dos quatrocentos metros rasos na Olimpíada de 1936, do modo como está captada e preservada no filme de Leni Riefenstahl, é tão bela quanto as melhores esculturas de Michelangelo. Mas isso não quer dizer que os movimentos do corpo de Owens fossem — e ainda sejam, para os espectadores do filme — uma obra de arte. Dar aos movimentos de Owens um lugar em nossos museus de arte imaginária simplesmente mumificaria sua graça, roubando-lhe o estranho frescor que o filme de Riefenstahl preservou — e essa é a razão pela qual proponho manter o conceito de obra de arte afastado do desempenho atlético como candidato a experiência estética.

Uma última distinção da *Crítica do juízo* que vai nos ajudar a definir a beleza atlética é o amplamente debatido contraste entre o belo e o *sublime*. Se o belo, escreve Kant, "diz respeito à forma do objeto, que consiste em limitação; o sublime, ao contrário, será encontrado num objeto sem forma, desde que a *ilimitabilidade* esteja representada nele". Ele prossegue afirmando que a satisfação produzida pelo belo está sempre ligada a uma qualidade, enquanto a satisfação produzida pelo sublime é ligada à quantidade. O sublime é "aquilo que é *absolutamente grande* [...] e comparado a ele todo o resto fica pequeno". Kant associa o conceito de sublime à "natureza em seu caos e em sua desordem e devastação mais selvagens e incontroláveis". O sublime é aquilo que ameaça nos sobrepujar, e pode portanto causar "uma inibição momentânea dos poderes vitais", enquanto o belo "traz consigo um sentimento de promoção da vida".

Com base nesses critérios, será que haveria muitos eventos atléticos que poderíamos chamar de sublimes, com esse sentido de que ameaçam nos engolfar? A maioria dos momentos aguardados com tanta ansiedade pelos espectadores, parece-me, encaixa-se mais na definição de belo do que na de sublime. Apesar de sua natureza quantitativa, o sublime tem pouco a ver, se é que tem algo a ver, com recordes e com a quebra de recordes, já que os recordes, por definição, pertencem àquilo que é comparativamente grande, e não absolutamente grande. Mesmo assim, todos os torcedores guardam lembranças de determinadas conquistas que acreditam jamais serão superadas. Não foram as impressionantes estatísticas acumuladas ao longo da vida de Babe Ruth que fizeram dele, pelo menos para uma boa quantidade de torcedores, o maior jogador de beisebol de todos os tempos, mas sim aquele momento único de 1932, num jogo contra o Chicago Cubs, quando ele "anunciou" um *homerun* decisivo apontando na direção em que a bola que ele estava prestes a rebater iria sair do estádio. Como saiu.

Embora Toni Sailer, o esquiador que ganhou três medalhas de ouro nas provas de esqui alpino de descida livre (*downhill*), na Olimpíada de Inverno de 1956, em Cortina d'Ampezzo, não fosse páreo para seus sucessores de hoje em dia, ninguém que tenha visto sua performance consegue esquecer a absoluta graça dos movimentos que inauguraram um novo estilo e até uma nova era naquela modalidade. E por fim, na Olimpíada de Inverno de 1980, em Lake Placid, Nova York, a vitória da equipe norte-americana de hóquei, formada por estudantes universitários, contra os profissionais da União Soviética encaixa-se, na memória da maioria das pessoas, como um momento que jamais será igualado. Aquele grupo estava longe de ser um dos maiores times de hóquei de todos os tempos, mas é exatamente por isso que sua medalha de ouro ainda é lembrada e considerada "incomparável". Devemos reservar o conceito de sublime, portanto, para a arrebatadora singularidade de eventos e conquistas desse tipo. Mas em geral, acredito que o sublime tenha menos afinidade com o esporte que o conceito de belo — mesmo que o sublime tenha virado "tendência", recentemente, entre os intelectuais profissionais.

Se eu, com a ajuda de Immanuel Kant, convenci-o de que assistir a esportes pode ser um caso daquilo que os filósofos chamam de experiência estética, você pode ter achado a precisão dos argumentos de Kant um tanto seca *demais* para o propósito de elogiar a beleza atlética. (Kant provavelmente concordaria com você; enquanto escrevo estas linhas, não consigo deixar de imaginar aquele homem franzino balançando a cabeça em desaprovação a um uso tão vulgar de sua filosofia.) Gostaria, então, de tentar outro caminho, que pode nos levar para mais perto da compreensão da beleza específica do esporte em meio a todas as outras variedades de experiência estética.

Quero apresentar aqui uma descrição da experiência esportiva vista pelos olhos de um atleta de nível mundial, Pablo Morales, ganhador de três medalhas de ouro na natação, nas olimpíadas de 1984 e 1992, e ex-estudante das universidades de Stanford e Cornell, que se transformou em um advogado bem-sucedido. Durante uma discussão num colóquio sobre "O Corpo do Atleta", realizado em Stanford em 1995, perguntaram a Morales por que ele havia decidido voltar às competições, retorno que lhe garantiu sua única medalha de ouro individual, depois de ter se aposentado e deixado de participar da Olimpíada de 1988. Aqui está sua reposta espontânea:

Em 1988 não consegui fazer parte da equipe olímpica, mesmo tendo estado presente nas olimpíadas anterior e subseqüente. Foi um ano tão decepcionante que me levou à aposentadoria. Assistindo aos jogos na televisão, não senti nenhuma atração especial — até que aconteceu uma coisa engraçada. Quando começou a cobertura da prova dos cem metros borboleta, que era minha especialidade, e na qual eu teria uma chance de ganhar a medalha de ouro, tive de sair da sala. Simplesmente não consegui assistir à prova. Minha ligação com aquele evento era tão completa que foi impossível assistir a ele.

O significado dessa experiência ficou mais claro para mim quando assisti ao revezamento feminino dos quatro por cem metros rasos. Jamais esquecerei ter visto a grande velocista Evelyn Ashford sair de trás, no último trecho, e arrancar para ganhar a medalha de ouro para os Estados Unidos. A corrida foi mostrada até o fim, e depois houve um *replay*, mas dessa vez com a câmera focalizada no rosto de Ashford, antes, durante e depois de sua participação. Primeiro seus olhos percorreram a pista oval, depois se concentraram no bastão, depois na curva à frente. Indiferente à multidão, indiferente até às outras competidoras, vi-a perdida na intensidade da concentração. O efeito foi imediato. De novo tive de sair da sala. Entrei na cozinha e comecei a soluçar, sem saber por quê. Não tinha tido nenhum desabafo emocional desde que não conseguira me classificar para a equipe olímpica. Mas quando pensei em minha reação nas horas seguintes, percebi o que tinha perdido; aquela sensação especial de se perder na intensidade da concentração. Quatro anos depois estava de volta às olimpíadas.

Nessa narrativa tocante, Morales não diferencia sua experiência como espectador da experiência como atleta. Pelo contrário, aquilo que viu na tela da TV o ajudou a perceber, pela primeira vez, o que o tinha motivado a praticar esportes no nível mais alto de competição. *Perder-se na intensidade da concentração* é a fórmula impressionante, complexa e precisa pela qual ele liga o fascínio de assistir a esportes à motivação do desempenho.

Entendo a primeira palavra dessa fórmula, *perder-se*, como o equivalente à insistência de Kant no desinteresse. Assim como a pessoa que emite um juízo estético sente-se desligada das opiniões do mundo que a cerca, a atleta Evelyn Ashford parecia "indiferente à multidão, indiferente até às outras competidoras". Ela estava sozinha consigo mesma, perdida para o mundo, desligada de todos os objetivos que compunham seu cotidiano, até mesmo dos objetivos que — extrínseca ou intrinsecamente — pertenciam ao evento esportivo do qual ela estava participando.

Para descrever o que identifica como o sentimento de Ashford, tanto suas emoções quanto a percepção de seu corpo, Morales usou a palavra *intensidade* — a amplificação das características e das impressões que já existem para nós. A partir disso podemos concluir que a experiência atlética — e a experiência estética em geral — não difere, em termos qualitativos, de nossa experiência em outras situações menos marcantes. O que é diferente é que nossa capacidade física e emocional está atuando perto do limite máximo.

A intensidade da *concentração* abrange não apenas a capacidade de eliminar uma miríade de distrações em potencial como também uma abertura concentrada para que algo inesperado aconteça. Algo cuja chegada não controlamos e que portanto sempre parecerá repentino. Algo que, assim que inesperadamente aparecer, começará a desaparecer, irreversível e dolorosamente, porque queremos nos agarrar ao prazer e às possibilidades que aquilo proporciona.

Parece haver jogadores cujo desempenho tira partido dessa abertura para movimentos súbitos que surgem não se sabe de onde. Pense nas grandes arrancadas de Diego Maradona contra a defesa adversária, e em como elas eram precedidas por longos minutos em que ele parecia ter desaparecido do gramado. Lembre-se do incomparável atacante Gerd Müller, dos anos 1970, que só aparecia no jogo quando fazia um de seus incontáveis gols (e o mais marcante era a aparição súbita de Müller na grande área, graças à qual a equipe muito inferior da Alemanha bateu a Holanda na Copa do Mundo de 1974). Pense no imenso corpo de Shaquille O'Neal tornando-se invisível nos poucos segundos antes de ele se erguer para enterrar a bola mais uma vez. A ação de roubar uma base num jogo de beisebol é ao mesmo tempo uma representação perfeita e, paradoxalmente, a institucionalização dessa relação entre a invisibilidade e a ameaça repentina. Jogar com um corredor na base deixa o lançador nervoso, porque a imprevisibilidade da ação potencial do corredor está fora de seu controle, além de virtualmente invisível. Sempre que um jogador tenta roubar uma base ele surge, quase literalmente, do nada.

Essa aparição inesperada de um corpo no espaço, que de repente assume uma bela forma que se dissolve de maneira tão rápida e irreversível, pode ser encarada como uma espécie de epifania. Essas epifanias, acredito, são a fonte da alegria que sentimos ao assistir a um evento esportivo, e elas marcam a intensidade de nossa resposta estética. Elas nos lançam numa oscilação entre nossa percepção da pura beleza da forma física e nossa obrigação de interpretar essa forma de acordo com as regras de um jogo específico. Qualquer pessoa que já tenha acompanhado um jogo de futebol americano da beira do campo sabe que não dá para não sentir na pele a ameaça física do choque de corpos dos jogadores, em toda sua violência potencial. Ao mesmo tempo, porém, não dá para não atribuir significado dos movimentos: dizemos que o receptor grudou na bola e ganhou 35 jardas e o *first down*. Mesmo assim, os significados que atribuímos aos corpos e aos movimentos nunca correspondem totalmente ao impacto emocional de sua presença física.

A breve e compacta narrativa de Pablo Morales sugere que submeter-se à experiência esportiva, perder-se na intensidade da concentração, tanto como atleta quanto como espectador, pode levar ao vício. Foi por isso que ele teve que abandonar a aposentadoria. Mas Morales não diz exatamente que conteúdo, que objeto, motiva esse vício, e as tentativas de Kant de descrever o objeto do prazer estético estão entre as partes menos bem-sucedidas de sua análise. Como aparentemente não temos autoridade nem filosófica nem atlética a invocar para responder à pergunta sobre o que faz a beleza atlética ser tão viciante, terei de recorrer às minhas próprias lembranças e expectativas, bastante subjetivas.

Os momentos em que me sinto perdido na intensidade da concentração quando assisto a esportes, momentos em que minha atenção fica mais aguçada e em que sou invadido por emoções, são sempre acompanhados por uma sensação de serenidade (o interessante é que a palavra em alemão para *serenidade* é *Gelassenheit*, "a capacidade de deixar estar"). A euforia da intensidade de concentração parece andar lado a lado com uma sensação peculiar de paz. Estou em paz com a impressão de que não tenho como controlar e manipular o mundo que me cerca. Então me torno intensamente calmo, e calmamente convicto de que, pelo menos nos segundos em que meu time de futebol está combinando a próxima jogada, posso deixar estar e deixar acontecer (ou não) as coisas que quero que aconteçam. Estou aberto à próxima experiência, qualquer que ela seja. Os grandes atletas compartilham com os espectadores mais concentrados essa atitude de tranqüilidade. Mas no caso dos atletas a serenidade é uma precondição para sua capacidade de *fazer* as coisas acontecerem, em vez de *deixar* que aconteçam. Talvez essa condição seja mais bem descrita na forma de um paradoxo: os grandes atletas fazem as coisas acontecer quando deixam as coisas acontecerem com eles.

O que estou tentando descrever, do lado do público, não é de modo algum uma reação adquirida às decepções inevitáveis que todo torcedor sente. Não estou tentando dizer que as derrotas mais amargas dos meus times me ensinaram a absorver o golpe com a cabeça erguida. Em vez disso, sinto-me atraído para uma abertura em relação ao mundo material que me cerca, para uma abertura que faz meu arbítrio e minhas reivindicações de ação parecerem apenas marginais, vagas, quase aleatórias. Porque não só tenho consciência de que não posso influenciar de modo algum a agilidade e a resistência do boxeador que quero que vença; também não tenho controle nem da intensidade da minha reação ao desempenho dele.

Agora que tentamos explicar sob que condições subjetivas chamamos o esporte de belo, permanece a pergunta: há algo intrinsecamente específico à performance *esportiva* como objeto da experiência estética? Algo específico que possa responder "objetivamente" por seu apelo irresistível e por seu impacto tão acachapante? Em outras palavras: a forma específica do desempenho atlético produz uma forma específica de efeito estético?

ESPORTE

Agora, a tarefa deve ser bem clara e direta. Para que possamos dizer o que esportes diferentes têm em comum e como todos eles podem ser belos, de formas tão variáveis, precisamos chegar a uma definição de esporte. Apesar de a tarefa parecer pouco complicada à primeira vista, ela se revelará excepcionalmente difícil. Ainda assim, espero que você me acompanhe enquanto refletimos sobre esta última das minhas três definições, porque os termos gerais que apresento aqui — performance e presença, *agon* (competição) e *arete* (a busca da excelência), tragédia e transfiguração — serão essenciais para a exploração de tópicos mais específicos e familiares nos próximos capítulos.

Em vez de pensar nos esportes como um conjunto de fenômenos com raízes em um denominador comum, será mais sábio imaginá-los como uma rede de práticas relacionadas pelo que Ludwig Wittgenstein denominou celebremente de semelhança de família. Numa semelhança de família, o item A tem algumas características em comum com o item B, e o item B tem algumas características em comum com o item C. E, embora A e C possam não ter características em comum, sua semelhança comum com B os mantém na mesma família. A luta livre e o rúgbi certamente têm algumas afinidades entre si, e o rúgbi e o futebol desenvolveram-se a partir do mesmo grupo de jogos. Mas a luta livre e o futebol não compartilham muitas características a olho nu, e a convergência entre o adestramento de cavalos e o futebol é ainda mais difícil de enxergar. Mesmo assim, todos se encaixam na rubrica de esportes. Dessa forma, o que buscamos não é uma definição superabrangente de esporte, mas uma que simplesmente nos permita ver como todos eles estão inter-relacionados.

Para complicar ainda mais as coisas, insisto também que precisamos de uma definição viável para esporte, que faça jus a seu apelo estético, da perspectiva do espectador. Assim como na ópera, numa sinfonia ou num balé, os espectadores do estádio assistem ao esporte como a uma performance — mas um tipo específico de performance, que difere dessas outras experiências estéticas. Como se apressam a ressaltar muitos intelectuais, a palavra *performance* vem recebendo bastante atenção recentemente nas ciências sociais e humanas, e uma literatura rica e diversificada floresceu em torno do conceito. Mas as definições que encontrei em várias enciclopédias e dicionários recentes eram incoerentes, para dizer o mínimo. A maioria delas cita os mesmos três componentes da performance: o "investimento corporal", seu "caráter de evento" (que visa a distinguir a performance de qualquer coisa que possa surgir a partir da escrita) e seu uso de "objetos materiais". Mas será que todos os tipos de performance realmente envolvem objetos materiais? É claro que não. E é essencial (e até apropriado) excluir a escrita da performance? Não.

Depois de oferecer propostas conceituais tão insatisfatórias, alguns dos verbetes sobre performance correm a exemplificar o que não foram capazes de definir, apontando para exemplos altamente consagrados da arte moderna. As experiências de John Cage com sons e música ou a pintura performática de Jackson Pollock aparecem como substitutos (implausíveis, na minha opinião) para as definições que aqueles verbetes não trazem. Se você gosta de usar dicionários e enciclopédias, deve conhecer bem minha frustração: entre soluções conceituais genéricas demais e exemplos específicos demais, as definições freqüentemente deixam em branco o espaço semântico que esperávamos que elas preenchessem.

Decepcionado com essas tentativas de esclarecer o que seria a performance, fiquei interessado no conceito de *presença*, como uma possível abertura ou abordagem para o problema (o problema, você deve se lembrar, era definir o esporte de tal modo a levar em conta sua atração estética). Assim, o que é presença? O que queremos dizer quando dizemos que alguma coisa tem presença? Talvez de forma surpreendente, presença enfatize muito mais o espaço que o tempo (a palavra latina *prae-esse* literalmente significa "estar diante de"). Algo presente é algo que está ao alcance, algo que podemos tocar, e sobre o qual temos percepções sensoriais imediatas. A presença, nesse sentido, não exclui o tempo, mas sempre associa o tempo a um lugar específico.

Mas estou me adiantando demais. Para uma idéia melhor do que quero dizer com presença, devemos contrastá-la com uma dimensão diferente, que chamarei de *significado*. Consigo enxergar pelo menos sete diferenças polares entre presença e significado. Podemos começar com nossa convicção cotidiana, seguindo René Descartes, de que "penso, logo existo" (*Cogito ergo sum*). Essa idéia, coerente com a dimensão do significado, coloca a mente como única avalista da realidade da existência humana; o corpo (a *res extensa*, aquilo que ocupa espaço, como Descartes o chamou) não tem nenhuma atuação nessa visão de mundo auto-referencial. Já na dimensão da presença, embora a auto-referência humana não exclua a mente, ela sempre atribui maior importância ao que o corpo conhece. Quando Pablo Morales descreveu a velocista Evelyn Ashford, ele indicou que, no momento de pegar o bastão, a concentração dela estava totalmente centrada no corpo e em suas percepções, não nas funções analíticas ou verbais "mais elevadas" que normalmente chamamos de pensamento.

Em segundo lugar, quando as pessoas pensam em si mesmas principalmente como mente, elas necessariamente enxergam o mundo dos objetos físicos a partir de uma posição distanciada. E então, como observadores distanciados, interpretam esses objetos atribuindo diferentes significados a eles. Na dimensão da presença, no entanto, as pessoas sentem-se parte do mundo físico, e contíguas aos objetos que o compõem. Não ocorreria a um jogador de futebol se perguntar o que poderia "significar" a bola. Ele simplesmente pegará a bola e a acariciará, como dizem às vezes os torcedores, com uma admiração terna, e esse movimento suave acaba fazendo a bola chegar a um ponto inesperado do campo. A metáfora de "ter a bola grudada nos pés", que gostamos de usar para jogadores como Zidane, Ronaldinho Gaúcho ou Beckenbauer, é bastante reveladora nesse aspecto.

Um terceiro contraste origina-se do fato de que, na dimensão do significado, depois que as pessoas interpretam os objetos, tendem a transformá-los e ao mundo que eles ocupam. Quando as pessoas executam tais intenções (projetos), chamamos seu comportamento de uma *ação*. Embora à primeira vista ela possa parecer pouco intuitiva, a dimensão da presença não tem espaço para a ação nesse sentido. As pessoas que operam na dimensão da presença só querem inscrever seus corpos e seus comportamentos em certos padrões regulares que acreditam ser inerentes ao mundo dos objetos. Essa inscrição é às vezes chamada de ritual, e no caso dos esportes chamamos o ritual de jogo. Os grandes atletas não são grandes porque mudam as regras do evento no qual se destacam. Não, eles tentam alcançar — e às vezes alterar — os limites do que é possível dentro de um conjunto estável de regras e registros de recordes. Associações como a Fifa (Fédération Internationale de Football Association) têm razão de ser tão conservadoras em relação às regras dos jogos. Um dos grandes motivos para o escândalo dos esteróides no beisebol norte-americano ser tão perturbador é que ele tornou impossível comparar os recordes dos atletas ao longo do tempo.

O quarto contraste não agradará aos entusiastas do esporte que se orgulham de ser puristas. Esse contraste trata da demonstração de violência — o momento de ocupar ou bloquear espaços com corpos, contra a resistência de outros corpos. A dimensão da presença permite a violência, e ocasionalmente é indulgente com ela, enquanto a dimensão do significado enfatiza a predominância do poder (o poder social, político, econômico ou psicológico como mero potencial de violência) sobre a violência real. Mas muitos esportes não poderiam existir sem a violência física, ou pelo menos a ameaça da violência. Não estou falando apenas do boxe e do futebol americano, cujos movimentos centrais — e cuja glória — consistem no contato violento. A elegância dos maiores jogadores de basquete e de futebol também depende da destreza em escapar da violência daqueles que tentam contê-los. O que teria sido Mané Garrincha, o melhor ponta-direita da história do futebol, sem as centenas de defensores que tão visível e desesperadamente tentaram pará-lo, ou até derrubá-lo, sem conseguir, e cuja violência portanto nunca atingiu seu alvo? O famoso lema de Muhammad Ali — "Flutue como uma borboleta, pique como uma abelha" — ressalta os movimentos equivalentes da luta de boxe, em que o lutador se esquiva dos golpes do adversário para criar oportunidades de pôr em prática seu próprio potencial de violência.

A distinção número cinco pode ser descrita como dois tipos diferentes de *acontecimento*. Na dimensão do significado, consideramos um acontecimento algo que marque o início de uma nova transformação, profunda ou nem tanto. Na dimensão da presença, porém, *todo* início, mesmo que seja um início que permanentemente se repete ou que estivesse previsto há muito tempo, tem o status de acontecimento. Sabemos que na maioria dos jogos da NHL o disco vai cair no gelo para a primeira disputa de bola exatamente às 19h35. Mas essa ausência de novidade não torna a disputa inicial menos emocionante. Pelo contrário, na dimensão da presença gostamos da tensão e da emoção que preenchem esse momento previsível de descontinuidade, quando o prometido e esperado finalmente se torna o acontecimento real. Nessa dimensão, a noção de acontecimento pode até trazer em si alguma idéia de inovação ou transformação, mas não depende dela.

A sexta distinção apresenta o conceito de atuação. Alguns clássicos da sociologia definem a atuação — em contraste com a ação — como conjuntos de comportamentos adaptados, para os quais seus participantes têm apenas motivações vagas, se é que as têm. Como a motivação, nessa definição, refere-se à intenção de transformar o mundo por meio de comportamentos intencionais, a falta de tais motivações torna a atuação menos séria, quando observada desde a dimensão do significado. Mas esse contraste entre a atuação e a seriedade não faz sentido na dimensão da presença, que neutraliza a distinção porque a presença não inclui um lugar para a ação. Embora digamos que os participantes de um evento esportivo *atuam* nele, sabemos que esses jogadores não teriam um bom desempenho se não levassem o jogo a sério. Na verdade, se algum deles não desse o seu máximo, isso imediatamente levaria ao fim do jogo.

"É só um jogo" é uma frase que pode se aplicar quando o evento já se encerrou, mas não antes disso. Nada jamais é ficcional na dimensão da presença, nem mesmo um evento esportivo como a "luta livre" de Hulk Hogan. O comportamento dele é obviamente ficcional quando visto da dimensão do significado, mas durante os eventos, à semelhança dos atores de teatro, Hulk tem de evitar qualquer indicação do caráter fictício de suas brigas e chiliques. É o sentido de presença dele que faz com que seus fãs se disponham a pôr a descrença de lado. No esporte, assim como nas artes dramáticas, tudo é real durante a performance, nada é simples atuação ou fingimento — o que significaria dizer, por exemplo, que os nadadores de uma prova estão apenas representando, ou que estão simplesmente fingindo que é importante se mover de forma veloz na água?

O último item da minha lista contrasta o modo como o signo é definido e usado na dimensão do significado e na dimensão da presença. Como aprende hoje em dia a maior parte dos estudantes universitários, um signo relaciona um significante material (uma seqüência de sons ou de caracteres) a um significado, e normalmente inclui o objeto físico (o "referente") ao qual um significante pode se referir por meio de um significado. É por isso que dizemos que os significantes carregam ou expressam significados. Assim como uma seqüência de sons ou de traços no papel aponta para um significado, cada palavra em cada língua é evidentemente, nesse sentido, um significante — mesmo que não esteja ligada a um referente individual externo à linguagem em questão (o que pode bem ser o caso, e freqüentemente é). Mas a exclusão dos referentes materiais no mundo não acontece na dimensão da presença. Precisamos, aqui, de um conceito diferente de signo — por exemplo, o oferecido pela tradição aristotélica. Esse conceito de signo liga a matéria, ou a substância (aquilo que ocupa espaço), à forma (aquilo que torna possível perceber, em qualquer momento, o que ocupa espaço). Ele não distingue um lado puramente material de outro puramente imaterial, e portanto não chegamos a uma divisão definida entre significado e os objetos materiais que articulam o significado. A água, que se adapta à forma de qualquer recipiente enquanto mantém seu volume, seria a ilustração mais elementar desse fenômeno.

Contrariando muitas "leituras" acadêmicas (e altamente incompetentes) do esporte, as competições atléticas não expressam nada, portanto não oferecem nada a ser lido. Elas nos fascinam com "corpos que pesam" ("*bodies that matter*", um trocadilho útil inventado pela filósofa Judith Butler), corpos que se adaptam a formas e funções múltiplas. Ao interpretar essas formas e funções corporais e transformá-las em significado, corremos o risco de reduzir, se não de destruir, o prazer singular que desfrutamos nos eventos esportivos.

Baseado nessa lista de distinções entre presença e significado, proponho que chamemos qualquer movimento do corpo humano de performance, desde que o enxerguemos, predominantemente, da dimensão da presença. Porque acredito que raramente assistimos a esportes de um outro ângulo. Essa definição de performance certamente não significa que não haja "ações" num campo de futebol; significa apenas que encarar os movimentos do atleta como transformações de seu mundo — isto é, nos perguntar qual deve ser a intenção do jogador enquanto ele lança ou chuta a bola — não é o que costumamos fazer quando nos tornamos espectadores de esportes.

É evidente que essa definição não quer dizer que possamos incluir todos os tipos de performance no conceito de esporte. Performance e esporte não são equivalentes. Temos, portanto, que prosseguir com nossa investigação e perguntar o que torna o esporte específico dentro da aparente infinidade de modos possíveis de performance. Ao fazê-lo, quero adotar dois conceitos que a tradição intelectual ocidental oferece como ferramentas em potencial para esse próximo passo na direção da definição para o esporte. Ambos vêm da Grécia antiga, mas é difícil dizer quanto de seu uso atual foi moldado pelas ondas oitocentistas de entusiasmo filelênico. Os conceitos em questão são *agon* e *arete*.

Agon talvez seja mais bem traduzido simplesmente como competição. Entre outras coisas, associamos competição com a domesticação de confrontos e tensões potencialmente violentos dentro dos parâmetros institucionais de regras estáveis. *Arete*, por outro lado, significa buscar a excelência com a conseqüência (mais que com o objetivo) de levar algum tipo de performance a seus limites individuais ou coletivos. (O slogan do Exército dos Estados Unidos, "Seja tudo o que pode ser", é inspirado na idéia de *arete*.) Tenho plena consciência, porém, de que a maioria das pessoas — sejam especialistas, entusiastas ou observadores externos — identificaria a *agon*, e não a *arete*, como o componente dominante da performance atlética. Nadando contra a corrente, escolho *arete*, é claro que sem excluir todos os elementos de *agon*, e por dois motivos. Acima de tudo, prefiro *arete* porque acho que a busca pela excelência sempre implica competição, embora a competição não necessariamente implique a busca pela excelência. O conceito de *arete*, portanto, é o mais específico. Pois mesmo que busquemos a excelência na solidão absoluta, não podemos fazê-lo sem competir contra a performance de outros (que estão ausentes).

Paavo Nurmi, o principal fundista do mundo nos anos 1920, ficou famoso por quebrar recordes em corridas solitárias contra o cronômetro, e isso significava, pelo menos durante o auge de sua carreira, que ele corria contra seus próprios recordes. Em Oxford, na primavera de 1954, quando Roger Bannister se tornou o primeiro atleta a quebrar a barreira dos quatro minutos em uma milha, as únicas pessoas que o acompanhavam na pista eram dois marcadores de ritmo; mas ele corria mesmo era contra os recordes existentes e potenciais de seus concorrentes a milhares de quilômetros de distância, na Austrália e nos Estados Unidos. Por outro lado, é possível, e bastante comum, competir contra outras pessoas sem testar seus próprios limites. Em cada campeonato e em cada competição de atletismo acontecem jogos e eventos nos quais os vencedores não enfrentam desafios muito difíceis. Trata-se de competições, mas elas não obrigam atletas e equipes de alto nível a testar seus limites.

O segundo motivo pelo qual opto por *arete* em vez de *agon* não tem nada a ver com a questão da definição do esporte em si, mas sim com o objetivo de elogiar a beleza atlética. Se eu fosse fazer um elogio mais à competição que à excelência, confirmaria uma visão sobre o esporte que lhe rendeu sua má reputação entre tantos intelectuais. É a imagem dos atletas e dos torcedores como um bando de neuróticos roedores de unhas, movidos a ansiedade, viciados numa competitividade pontilhada de capitalismo e moldados pelo estresse que tal competitividade supostamente produz. A busca pela excelência e a colocação dos limites à prova, porém, eliminam todas essas associações negativas e projetam uma visão muito mais nobre — ou pelo menos bem menos condescendente — do esporte.

Insisto que não estou interessado em eliminar ou mesmo em marginalizar a competição. *Arete* e *agon* andam juntos na maioria dos eventos esportivos — e certamente em todos os eventos mais populares. Só quero assegurar, indo contra uma certa tradição discursiva, que *arete* seja adequadamente considerado. *Agon* e *arete* convergem no impulso esportivo de ir além, de ir aonde nenhum outro corpo foi antes. Um impulso tão agressivo como esse não poupa os sentimentos do potencial perdedor, seja física ou emocionalmente. No esporte, o "espírito esportivo" jamais pode significar dar uma vantagem ao adversário. Trata-se, sim, da capacidade e da generosidade de se solidarizar com a dor e com a tragédia da pessoa derrotada numa luta justa. É o respeito que Aquiles demonstrou pelo Heitor derrotado, não a ordem de Jesus para que se ofereça a outra face.

Os espectadores preferem assistir aos atletas quando eles testam e forçam os limites do desempenho humano. E na maioria dos esportes esse desejo de ver os melhores atletas representa um problema para as divisões inferiores e, infelizmente, para alguns esportes femininos. O futebol feminino pode muitas vezes ser mais bonito que o masculino, e o basquete feminino pode às vezes atingir níveis mais elevados de sofisticação estratégica que o masculino. Mesmo assim, muitos espectadores (e admito ser um deles) simplesmente não conseguem esquecer que os melhores times masculinos venceriam os melhores times femininos. Chegamos, aqui, ao limite de *arete* como fascínio central do esporte, e somos obrigados a ceder à atração de *agon*.

O desempenho das mulheres em alguns esportes, como a ginástica ou a patinação artística, não enfrenta essa limitação. Para mim, o evento mais interessante nesse contexto é o tênis feminino, da maneira como ele se desenvolveu ao longo das duas últimas décadas. Embora não haja dúvida de que as melhores jogadoras de tênis ainda não teriam chance de bater os campeões masculinos numa partida competitiva, a graça, a agilidade e a tenacidade que encontro no tênis feminino me permitem imaginar uma inversão dos poderes no futuro. Mas talvez eu só queira imaginar esse futuro porque detesto ter de admitir que a assimetria dos sexos nos esportes determina a impossibilidade de *fair play* em certas situações.

Como podem então o futebol americano e o basquete universitários ter tanta popularidade nos Estados Unidos, você pode perguntar, se sabemos que aqueles times não têm chance diante de seus equivalentes profissionais? Com certeza não há esporte a que eu assista com mais paixão que o futebol americano universitário. Uma saída fácil seria tratar, mais uma vez, a popularidade dos esportes universitários nos Estados Unidos como exceção. Mas o mais importante, creio, é saber que os melhores jogadores universitários de futebol ou basquete serão as estrelas profissionais do futuro. Como isso acontece bem menos com o beisebol universitário, não dá para comparar o número de espectadores daquele esporte com os do basquete ou do futebol universitários.

A questão do espírito esportivo suscita uma dúvida: a tragédia do perdedor pode se materializar numa forma de apelo estético? A lembrança de beisebol mais cara a meu amigo Eiko Fujioka, de Osaka, é exatamente sobre o encanto de um derrotado trágico, e ela me dá esperanças, novamente, de que exista um nível — e é bem provável que ele seja o nível mais elevado de conquista esportiva — em que o *arete* domine visivelmente o *agon*:

> Ainda lembro quando, há cerca de quinze anos, virei fã de Koji Akiyama, que jogava pelo Seibu Lions. Eu estava assistindo a um jogo do campeonato japonês na TV. Akiyama entrou na área do rebatedor com dois ou três jogadores na base e duas eliminações. Era uma boa chance de fazer mais um ponto. O arremessador conseguiu dois *strikes* [quando o rebatedor não consegue rebater a

bola]. Em seguida, com o próximo arremesso lançado em meio a grande tensão, Akiyama nem tentou rebater — e foi um *strike*. Ele foi eliminado. Perdeu a chance de marcar um ponto para seu time num jogo importantíssimo. O estádio encheu-se com o suspiro de decepção da torcida dos Lions. Naquela situação, Akiyama ficou na base principal um segundo a mais do que precisava — e deu um lindo sorriso para o arremessador.

Acho que o sorriso de Akiyama surgiu da sensação de que, pelo menos por um breve momento, o arremessador adversário havia levado o jogo de beisebol a seu nível mais elevado, fazendo dele, o rebatedor que perdera a competição, uma parte de sua vitória. Foi como o sorriso dos anjos que vemos esculpidos em pedra nas catedrais medievais — os historiadores da arte acreditam que esses sorrisos representam a felicidade dos anjos por poder participar da criação perfeita de Deus. A felicidade de Akiyama por ter podido tomar parte numa situação esplêndida de *arete* acabou superando a frustração da derrota, talvez superando até a alegria que ele sentiria se tivesse vencido.

As regras dos diferentes esportes determinam, explícita e implicitamente, a maneira como um atleta tentará competir e se superar, e por extensão quais são os movimentos que o espectador considerará bonitos. Quanto mais tempo as regras de um esporte específico tiverem se mantido inalteradas, mais impressionante será o recorde. Na temporada 2003-4 do campeonato inglês de futebol, o Arsenal manteve-se invicto. O melhor modo de ressaltar a grandeza dessa performance é dizer que nenhum outro time tinha sido tão bem-sucedido desde o Preston North End, em 1888-9.

É óbvio que as regras e os regulamentos do esporte não existem apenas para tornar esse tipo de comparação possível. Então para que servem? No dia-a-dia, se quero convencer um comerciante a me dar um desconto, não preciso de um conjunto de regras para me orientar — a forma de minha ação seguirá de modo natural minha intenção. Mas como um grupo de jovens poderia comparar seu condicionamento físico se não tivesse as regras do rúgbi, do basquete ou do futebol australiano para restringir e guiar sua atuação? Ao tornar possíveis o *agon* e o *arete*, as regras dos esportes confirmam e consolidam a insularidade que separa o esporte do mundo do cotidiano. Cada conjunto de regras só faz sentido dentro da competição. Fora de um evento de atletismo, não faz sentido lançar pesadas esferas de ferro num espaço aberto — nem mesmo em tempos de guerra. Para o atleta e para os espectadores, a inutilidade dessas regras no mundo comum é uma precondição para que eles possam se perder na intensidade da concentração durante o evento.

A chance de vencer e o risco da derrota produzem uma narrativa, um sentido épico e um drama. E, embora o intenso desejo de vitória certamente motive os atletas a participar de uma competição e os espectadores a torcer por eles, acredito que a motivação da vitória vem sendo superestimada, especialmente se comparada ao impacto que a dimensão dramática tem no modo como vemos e lembramos acontecimentos esportivos. Mas o que exatamente significa "drama", aqui? Tomando emprestado um conceito da terminologia da teologia cristã, podemos talvez dizer que o drama da competição é responsável pela transfiguração dos grandes atletas em nossa percepção imediata e, mais tarde, em nossa memória. Uma pessoa transfigurada parece ter sido afastada de seu lugar de origem. No Novo Testamento, quando os discípulos seguiram Jesus até uma "montanha alta", eles viram diante de si os corpos iluminados de Jesus, Moisés e Elias. Do mesmo modo, a competição esportiva transfigura os corpos e seus movimentos, fazendo-os brilhar na luz singular da vitória triunfal ou da derrota trágica. Em vez de atribuir significados específicos aos corpos e a seus movimentos, a vitória ou a derrota dá a eles aquilo que a tradição cristã costumava chamar de halo — e que hoje podemos chamar de aura.

Ou, para usar uma palavra que estava em alta entre artistas e críticos no começo do século XX, podemos dizer que através das lentes transfigurantes da vitória ou da derrota lembramo-nos de determinados movimentos atléticos como *gestos* dramáticos. Mais ainda que um halo ou uma aura, o gesto capta, num movimento conciso e específico, o momento crítico de uma narrativa dramática. Os gestos, com seu efeito de congelamento da ação, tornam o *pathos* associado a esses momentos dramáticos ainda mais visível e memorável. São como significantes materiais que parecem estar permeados por significados específicos, e assim se transformam em significantes cuja materialidade extrapola a função de meramente carregar um significado. Com freqüência nos lembramos de grandes atletas do passado e do presente dessa maneira transfigurada. O suíço Roger Federer, grande campeão de Wimbledon do início do século XXI, é um desses casos. Associamos elegância e suavidade a seus movimentos fluidos na quadra, que nunca estão centrados apenas em uma jogada. Mas a forma e o ritmo desses movimentos, como objeto de nossa percepção e de nossa memória, tendem a se tornar independentes daquilo que poderíamos interpretar neles. Eles são singulares, e simbolizam — por transfiguração — o que chamamos de "estilo Federer".

A transfiguração não ilumina apenas aqueles que vencem. Jamais esquecerei a tristeza profunda que me invadiu quando vi os jogadores de meu time de futebol universitário, o Stanford Cardinal, deixarem o estádio, depois de uma derrota em casa, a pior de sua história de mais de cem anos, num jogo num final de novembro contra o Notre Dame. O ritmo dos passos deles soava estranhamente solene, os olhares estavam perdidos, buscando o horizonte mais distante, o suor havia criado sombras cinzentas nos cabelos. Um de meus jogadores favoritos, Michael Lovelady, parecia um rei que abandonava o país rumo à humilhação do exílio. Não tenho vergonha de dizer que foi um momento shakespeariano para mim. No ano seguinte, Michael Lovelady não retomou sua promissora carreira no futebol.

Há muitos atletas e equipes cujo carisma depende de não ter conseguido vencer — tragicamente — nenhuma grande competição durante longos anos de indiscutível excelência. Raymond Poulidor, um ciclista francês dos anos 1960, jamais conseguiu ganhar o Tour de France, mas os fãs o adoravam e o reverenciavam mais que a seu adversário, Jacques Anquetil, que ao longo dos mesmos anos triunfou no Tour cinco vezes, então um recorde. E no verão de 2004 nenhum outro time de beisebol, nem mesmo o lendário New York Yankees, era capaz de competir em popularidade com o Boston Red Sox, uma equipe que não havia ganhado nenhum título desde 1918.

O trágico mito do time nasceu em 1919, apenas um ano depois de sua primeira vitória na World Series, quando o Red Sox vendeu seu melhor jogador, Babe Ruth, de 25 anos, para o New York Yankees, que se tornou o clube de beisebol mais bem-sucedido da história. Na mitologia do beisebol, Babe jogou sobre o Red Sox uma maldição pelo fato de o time não ter agüentado seu temperamento instável. Ano após ano, as excelentes equipes do Red Sox foram incapazes de quebrar a Maldição do Bambino, ou talvez relutassem em quebrá-la. No outono de 2003, quando enfrentaram os Yankees nos *playoffs* pós-temporada da Liga Americana, seu melhor arremessador de então — e certamente um dos melhores arremessadores da atualidade —, Pedro Martinez, inexplicavelmente perdeu o controle tanto de sua compostura como de seu potencial de arremesso, o que acabou permitindo a vitória dos Yankees na World Series.

No verão seguinte, poucos meses antes de o Red Sox bater os Yankees e ganhar o título da Liga Americana, e em seguida à World Series, confesso que os nomes dos maiores jogadores do Red Sox em 2004 — Johnny Damon, David Ortiz, Manny Ramirez e Pedro Martinez — soavam para mim como versos de uma tragédia grega. Até mesmo o fato decisivo, a vitória de virada sobre os Yankees, parecia explorar o potencial de história trágica transfigurada. O Red Sox havia perdido os três primeiros jogos da série de sete partidas dos *playoffs*, atingindo o que parecia ser o auge da humilhação com uma devastadora derrota em casa, no Fenway Park, de Boston. A expectativa de todo mundo era que o jogo seguinte, em Nova York, consagraria a vitória dos Yankees. O Red Sox e sua torcida entraram no Yankee Stadium com um fiozinho de esperança de talvez reconquistar um pouco da dignidade perdida, se ganhassem pelo menos aquela partida. Mas ganharam quatro jogos seguidos e, sem olhar para trás, ganharam mais quatro jogos contra o St. Louis, e o título da World Series.

Será que sem olhar para trás mesmo? O título de 2004 mudou para sempre o Boston Red Sox? É uma pergunta difícil; talvez seja cedo demais para formulá-la, e certamente é cedo demais para respondê-la. Em tese, o Red Sox poderia ser uma potência no futuro, mas acho isso improvável. É mais fácil imaginar que o título de 2004 tenha sido um acontecimento necessário dentro da economia narrativa de uma mitologia específica, a mitologia da derrota cheia de drama e dignidade, e que a derrota dos Yankees tenha sido uma condição necessária para seus triunfos futuros — que, se viessem fácil demais, nem triunfos mais seriam.

No início dos anos 1950, a seleção húngara dominou o futebol europeu, não apenas numa longa série invicta, como também pela elegância poderosa de seu estilo de jogo e por seus vários jogadores inesquecíveis. Correspondendo à grande expectativa, eles bateram a Alemanha na primeira rodada da Copa do Mundo de 1954, na Suíça, com o elástico placar de 8 a 3. Com uma sorte incrível, a Alemanha sobreviveu à rodada eliminatória e enfrentou a Hungria de novo, apenas duas semanas depois, na final do campeonato, vencendo a grande favorita por 3 a 2. Essa foi a vitória comemorada pelos alemães como marco do período pós-guerra. O futebol húngaro jamais retomou sua importância, e para muita gente — tanto na Hungria quanto no resto do mundo — a derrota épica de 1954 transformou-se numa premonição retrospectiva (o paradoxo é intencional) da atrocidade de 1956, quando os tanques soviéticos reprimiram, nas ruas de Budapeste, um movimento pela independência nacional.

O mesmo pode ser dito da "tragédia do Sarriá", quando a incensada seleção brasileira de Sócrates, Zico e Falcão foi eliminada pela Itália de Paolo Rossi por 3 a 2, na Copa de 1982. A derrota do chamado "futebol-arte" foi tão dolorosa que acabou ganhando uma aura também épica.

É evidente que o hábito de perder jogos decisivos ou pontos importantes não é suficiente para garantir um carisma como o do Boston Red Sox, do lendário time da Hungria ou da seleção comandada por Telê Santana em 1982. O Bayer Leverkusen fez a proeza de, várias vezes, num espaço de poucos anos, perder títulos literalmente nos últimos minutos da temporada. Mas, em vez de se tornar mais popular, o Bayer Leverkusen virou motivo de piada na Alemanha inteira — enquanto praticamente ninguém, nem mesmo os torcedores do New York Yankees, se atreveria a rir do Boston Red Sox. Ninguém que se lembre da derrota dos húngaros em 1954, ou da tragédia do Sarriá, deixa de falar delas com respeito, até com tristeza.

2. Descontinuidades

Muita gente pensa que a história do esporte remonta a mais de dois milênios e meio, desde as olimpíadas da Antiguidade até os megaeventos do esporte universitário, amador e profissional de hoje, passando pelo renascimento dos jogos olímpicos, em 1896. A única mudança importante nessa história, acredita a maioria das pessoas, é um efeito de decadência, a impressão de que a autenticidade primordial desse tipo de evento de alguma forma foi progressivamente se atenuando ou até se perdendo. Quando o barão de Coubertin lançou a idéia de revitalizar os jogos olímpicos, ele o fez porque também acreditava no *continuum* entre os esportes da Antiguidade e os da modernidade — ilusão muito cara aos europeus do final do século XIX. Embora hoje ainda seja possível observar vestígios dessa visão romântica, na verdade, como tentarei demonstrar, a história do esporte é marcada por descontinuidades significativas.

No capítulo anterior, propus uma definição de esporte com base em três componentes. Acima de tudo, na minha opinião, qualquer coisa a que chamemos de esporte é uma forma de performance, ou seja, qualquer tipo de movimento corporal visto da perspectiva da presença. Entre os muitos fenômenos que se encaixam na definição de performance, as formas de performance esportiva são específicas porque são permeadas pelos valores de *agon* (competição) e *arete* (a busca pela excelência). E, por fim, aquilo a que chamo esporte sempre parecerá distante dos interesses e das estratégias que compõem nossa vida cotidiana. Cada uma dessas características do esporte, em vários momentos, representou um obstáculo para sua continuidade histórica.

Em primeiro lugar, se a importância da performance e da presença varia entre culturas históricas diferentes, depreende-se que a propensão de interpretar movimentos corporais como esporte também deve ter tido uma variação constante ao longo do tempo. Não apenas (e talvez nem principalmente) no sentido de que culturas que tivessem fortes componentes de presença possam ter tido uma afinidade maior pelos esportes. A possibilidade inversa também existe (provavelmente a própria atualidade seja um exemplo): a de que a *escassez* de componentes da dimensão da presença na vida cotidiana produza um desejo intenso de ver o mundo do ângulo da presença. Porque o que mais desejamos é quase sempre o que é mais difícil de obter.

Quanto a *agon* e *arete*, concordo com o grande historiador oitocentista Jacob Burckhardt, que escreveu, em sua *História da cultura grega*, que em determinados momentos históricos as pessoas têm uma tendência maior à competição e à busca pela excelência que em outros. Talvez nunca consigamos entender completamente por que o espírito de *arete* e *agon* aparece em um contexto cultural e desaparece em outro, mas o fato de que isso acontece parece irrefutável.

Por fim, a capacidade que o esporte tem de distanciar-se da vida cotidiana depende de condições socioestruturais, que estão sujeitas a enormes variações. É difícil imaginar que os camponeses da época medieval, tempos em que o esforço físico era um pré-requisito diário para a sobrevivência, tenham tido a mesma fixação que nós temos com o exercício recreativo e com o esporte. Nas sociedades modernas, pelo contrário, os esportes gozam de alto nível de insularidade, centrada na dimensão da presença, em relação ao mundo do dia-a-dia — insularidade que é vital para as conquistas obtidas pela concentração dos atletas e para o apreço estético dos fãs. Ao mesmo tempo, porém, essa autonomia assume uma posição de tensão complexa em relação a empreendimentos centrados na dimensão do significado, dos quais os times, os governos locais, a imprensa esportiva, a indústria de equipamento e vestuário esportivo e até o establishment médico/farmacêutico/cirúrgico também dependem. Não seria possível haver um equivalente exato à experiência esportiva moderna, tão distanciada da vida cotidiana (e ao mesmo tempo tão ligada a ela) em culturas em que a dimensão do significado fosse menos prevalente.

Muitas modalidades esportivas do passado parecem ter aparecido de repente, numa erupção de estruturas institucionais, e desaparecido com a mesma rapidez. Quanto mais aprendemos sobre o contexto do boxe na Grécia antiga, ou do *calcio* na Itália renascentista, menos convencidos ficamos de que eles são os antecessores do boxe e do futebol modernos. Compreender essa descontinuidade na dimensão histórica é importante, porque nos permite perguntar como foi possível — historicamente possível, quero dizer — que os esportes tenham ficado tão abrangentes e tão importantes em nossos tempos. Em outras palavras, e de uma perspectiva de descontinuidade histórica, os esportes de hoje não são mais o resultado de uma daquelas longas sagas de progresso ou decadência sobre as quais já lemos tantas vezes. Para entender a tradição que está por trás da maioria dos esportes atuais, não precisamos retroceder mais que até o início do século XIX.

Esse intervalo entre os mundos esportivos do passado mais remoto e o início de nossa tradição atlética deve ser mantido em mente na leitura da série de esquemas resumidos que se segue. Esses esquemas de "esportes" gregos, romanos, medievais e renascentistas são idiossincráticos, pois se concentram em vários temas cruciais à minha busca por um modo de fazer, de forma adequada, elogios à beleza atlética. E também porque não levam em conta os esportes que não pertencem à tradição européia. Seria fascinante entender melhor aquelas coreografias de aparência atlética ligadas aos rituais de sacrifício humano em algumas culturas da América do Sul pré-colombiana, mas já temos tarefa difícil o suficiente só em repensar os esportes dentro da tradição ocidental. Depois dessas cenas de mundos isolados do passado, prosseguirei narrando o surgimento do esporte moderno desde o início do século XIX, num desenvolvimento contínuo (mas certamente não linear). Esse processo em bola de neve mostra alguns sinais de desaceleração no século XXI.

No passado, assim como no presente, os textos que falam sobre esporte raramente o descrevem em sua realidade física, embora não faltem documentos sobre sua organização e seu controle social. Não conseguimos nem saber ao certo, literalmente, qual era a cara de determinados esportes do passado. A maioria dos livros e ensaios sobre a história do esporte está cheia de relatos biográficos ou dados cronológicos, mas raramente oferece materiais ou até sugestões para nossa imaginação visual. Ao mesmo tempo, muitas autoridades da área parecem obcecadas em comprovar (e denunciar) o uso do esporte para objetivos e funções não-esportivas. Se não adoto esse tipo de crítica, é francamente porque não vejo uma alternativa realista para aquilo que ela denuncia. Todas as instituições históricas foram "usadas" por outras instituições e deixaram seus rastros nelas. No início do século XIX, por exemplo, o esporte subitamente se transformou numa dimensão central para o sistema educacional da Inglaterra, e no processo acabou estabelecendo a noção de justiça na competição como valor ético. Esse tipo de apropriação é simplesmente o modo como as instituições funcionam — por que deveríamos reclamar? Os esportes não são exceção, a não ser talvez pelo fato de que por algum motivo qualquer acreditamos que eles deviam ser um caso excepcional.

SEMIDEUSES

Se você pegar um carro e for de Atenas até o istmo de Corinto, e depois percorrer as tortuosas estradas das montanhas da península do Peloponeso até a cidadezinha de Olímpia, a cerca de cinqüenta quilômetros do mar Jônico, logo perceberá o nível de comprometimento que era fazer o caminho a pé ou a cavalo até os jogos olímpicos da Antiguidade. Mas centenas de atletas e dezenas de milhares de espectadores, protegidos pela trégua olímpica, fizeram a jornada a cada quatro anos, durante o período de um milênio ou mais — de 776 a.C. até 394 d.C. (as datas convencionalmente aceitas dos jogos olímpicos da Antiguidade). Enquanto tenta imaginar tamanho esforço físico, para o qual simplesmente não há equivalente no mundo moderno, você pode começar a especular qual teria sido a atração tão específica daqueles cinco dias passados no mais famoso santuário de Zeus.

Uma resposta — resposta moderna, mas ainda assim válida — surge quando você chega ao vale verdejante, onde os rios Kladeos e Alpheios se encontram sob uma floresta luxuriante, um lugar tão diferente do panorama árido do trajeto que você percorrera, cada vez mais impaciente, por horas e horas. Para os convidados de antigamente, que tinham caminhado por dias e até por semanas, esse contraste da chegada deve ter despertado uma sensação intensa de prazer e alívio. Diferentemente dos turistas modernos, que dispõem do luxo de voltar ao ar-condicionado de seus quartos de hotel para passar a noite, as multidões da Olímpia antiga (só homens, com exceção das sacerdotisas de Deméter e suas criadas) tinham de suportar alojamentos minúsculos, a falta de água e o calor sufocante. E mesmo assim não havia nada mais glorioso e desejável em suas vidas que estar exatamente ali, naquele lugar, para ver os atletas competirem.

Olímpia era apenas um entre os locais tradicionais, ao lado de Delfos, Ístmia e Neméia, onde os homens livres de vários estados e colônias gregas reuniam-se para os jogos pan-helênicos, mas era o mais antigo e mais carismático. A fama de Olímpia era tão grande que o ritmo de quatro em quatro anos de seus jogos transformou-se na medida mais aceita para marcar o tempo na Grécia antiga. Cada olimpíada (período de quatro anos) recebia o nome do vencedor do primeiro evento esportivo dos cinco dias de competição. Diferentemente do público (e também dos artistas, músicos e oradores que vinham apresentar seus talentos em paralelo aos eventos esportivos), os atletas passavam pelo menos um mês antes dos jogos em Élis, a 56 quilômetros de Olímpia, onde treinavam para chegar ao apogeu de seu condicionamento físico.

Os cinco dias do festival olímpico eram organizados no formato de uma seqüência complexa de eventos esportivos e rituais religiosos (embora insistir demais na distinção entre os dois seja ignorar o apelo especial de Olímpia). O primeiro dia era dedicado a proclamações, músicos e competições atléticas para adolescentes. O segundo dia tinha corridas de cavalo, corridas de carruagem (incluindo carros puxados por mulas) e, no estádio de 183 metros de comprimento em forma de U, o evento principal — o pentatlo, que consistia de corrida, salto em distância, lançamento de disco, lançamento de dardo e luta livre. Todas as corridas que não faziam parte do pentatlo eram realizadas no terceiro dia. O quarto dia era dedicado à luta livre, ao boxe e ao pancrácio (um tipo de luta livre ou *kick boxing* muito agressivo, quase sádico), com a maioria dos combates sendo realizada na palestra, uma quadra retangular cercada de arcadas. Por fim, de volta ao estádio, os espectadores apreciavam a corrida de hoplitas, uma prova de meia distância disputada por homens de armadura.

Os atletas participavam nus dos jogos pan-helênicos e, como a nudez só veio a se tornar obrigatória vários séculos depois do início dessa tradição atlética, sabemos que atuar nu era uma regra cultural, não um sintoma do arcaísmo da sociedade. Antes das competições, os atletas espalhavam óleo sobre a pele, prática que alguns historiadores explicaram como uma estratégia competitiva, especialmente para a luta livre, ou como um artifício para melhorar o desempenho. Não estou convencido, porém, de que a vantagem estratégica fosse o motivo mais importante. O óleo fazia os corpos nus dos atletas reluzirem com o reflexo da luz do sol, e essa aura tão palpável os distinguia dos homens comuns.

Além da nudez dos atletas, as características mais surpreendentes desse programa, da perspectiva de um torcedor de hoje em dia, são a completa ausência do esporte coletivo e também a regra de que os proprietários dos cavalos, das mulas e das carruagens podiam estar entre os vencedores olímpicos. Bem menos surpreendente é a óbvia referência às habilidades militares. Ela nos ajuda a entender como seria estranho, no contexto da cultura grega, fazer qualquer tipo de distinção entre os eventos atléticos e os outros tipos de performance física do dia-a-dia. Os espectadores gregos, portanto, acompanhavam e apreciavam a maior parte das competições como especialistas, com base no conhecimento obtido por sua experiência cotidiana.

Dentre os rituais religiosos realizados em Olímpia, os mais importantes eram o sacrifício aos mortos, no segundo dia; o sacrifício a Zeus, seguido de um banquete para todos os atletas, no terceiro dia; e o jantar de encerramento que acontecia depois da proclamação dos vencedores, no quinto dia. A "Ode sobre Teron de Acragás", de Píndaro, tentou captar esses momentos finais de enorme orgulho e alegria, fazendo-os ressoar com uma glória que só os deuses podem proporcionar:

> [...] *Vencer*
> *liberta de ansiedades aquele que compete.*
> *Em verdade, a riqueza adornada de virtudes oferece oportunidade*
> *para várias conquistas*
> *ao sustentar profunda e insistente ambição;*
> *é estrela-guia visível, a mais verdadeira luz para o homem.*

As odes de Píndaro, com seu foco (obsessivo, para nós) na alegria e no orgulho gerados pelos triunfos atléticos, sugerem várias respostas a nossas perguntas sobre o que atraía espectadores e atletas para os jogos pan-helênicos. Acredito que o apelo para os espectadores era, em primeiro lugar, estar na presença — física — dos corpos reluzentes dos atletas no momento de sua melhor performance. O papel do espectador como testemunha da grandeza era intensificado pelo fato de que os jogos olímpicos eram uma competição em que havia muita coisa em jogo. Em nenhuma outra cultura ocidental vencer foi tão crucial como na Grécia antiga. Apenas o vitorioso tinha o direito de usar a coroa de ramos de oliveira. Não havia prêmio de consolação para o segundo lugar — nada que equivalha a nossas medalhas de prata ou de bronze, não havia registros das conquistas de cada atleta. Aliás a mesma postura, "o vencedor leva tudo", também existia em muitas instituições não-esportivas da Grécia antiga, como na criação e na representação de tragédias ou comédias em Atenas (que acontecia no formato de competição entre os dramaturgos) e nos discursos públicos (a culpa ou a inocência nos julgamentos gregos, por exemplo, era definida com base na excelência da oratória). Vencer e ser lembrado em Olímpia dava aos atletas, a suas famílias e a suas cidades um direito de vanglória que eles usavam com um despudor que achamos difícil conciliar com nossa visão idealizada da cultura da Grécia antiga.

Para os atletas em si, também havia disputas mais práticas. Alcibíades, que conhecemos dos *Diálogos* de Platão como um jovem belo que era admirador de Sócrates, traçou uma linha direta entre seus triunfos olímpicos e reivindicações de influência política: "Inscrevi sete carruagens, número que nenhum cidadão particular havia inscrito antes, e ganhei o primeiro prêmio e o segundo e o quarto [o que quer dizer três primeiros prêmios], e proporcionei tudo o mais num estilo digno de minha vitória. Pois pelo costume geral essas coisas realmente significam honra, e do que se faz os homens inferem o poder". O maior privilégio oferecido a um vencedor olímpico — o direito de ter uma estátua de seu corpo esculpida e exposta no recinto olímpico — era tão valorizado pelos gregos que a cidade do atleta costumava dar a seus vencedores uma pensão pelo resto da vida. Considerando que vencer nos jogos pan-helênicos oferecia a um bom número de atletas fontes permanentes de renda, podemos dizer que existia uma versão particular de profissionalismo muito antes do ideal de "amadorismo" da tradição olímpica moderna.

Mas, acima de tudo, como o hino de Píndaro deixa claro, estar na presença imediata da grandeza atlética em Olímpia significava estar perto dos deuses. Ao contrário do Deus monoteísta onipresente e imaterial a cujos atributos todo-poderosos estamos tão acostumados, os deuses gregos habitavam lugares específicos do mundo, com maior ou menor intensidade, bem antes de começarem a assumir várias encarnações humanas (e inumanas). Estar em Olímpia era estar na presença do próprio Zeus. Mas ainda acho que seria parcial demais pensar nos jogos pan-helênicos como eventos essencialmente religiosos. Porque também seria perfeitamente plausível inverter todo o raciocínio e encarar os deuses gregos como a encarnação divina dos atletas. Na imaginação grega, os deuses eram velozes e poderosos, munidos de potência erótica e apelo irresistível, eternamente embriagados ou insuperavelmente alertas, devastadoramente belos ou repulsivamente feios. Com características tão hiperbólicas, eles estavam permanentemente competindo entre si, assim como seus equivalentes humanos. Esse impulso competitivo de deuses e homens é destacado e celebrado, mais que qualquer outro aspecto, pela *Ilíada*. Homero representou as lutas épicas entre Aquiles e Heitor, Agamenon e Príamo, gregos e troianos não apenas como conflitos humanos, mas como encarnações de um espírito divinamente competitivo.

Como os limites que separavam os humanos dos deuses gregos eram permeáveis, buscar o nível mais alto de perfeição física e vencer uma competição olímpica realmente elevava o vitorioso ao status de semideus (o significado antigo de "herói" é "semideus"). Para os espectadores do evento, estar num lugar onde a presença divina e a heróica convergiam através da performance dos atletas, num cenário incrivelmente belo, era a experiência mais extasiante e transcendental que suas vidas tinham a oferecer. Aqueles que se reuniam no santuário olímpico de Zeus deviam se sentir não somente bem, mas insuperavelmente bem — consigo mesmos, com os atletas e com o mundo imbuído de divindade do qual eles eram parte integrante e tão íntima. A cada quatro anos, durante um curto espaço de tempo, naquele lugar específico, o êxtase religioso e o êxtase atlético tornavam-se um só.

Apesar de as ruínas do Coliseu, construído em 72 d.C., durante o domínio do imperador Vespasiano, não ficarem exatamente no centro da Roma moderna, é fácil imaginar quão movimentado seu entorno deve ter sido nos tempos do império. O estádio ficava entre o Fórum Romano, que continuou a ser um centro de atividade política pública, o Domus Aurea, um palácio suntuoso erguido uma década antes por Nero, e o Circus Maximus, uma pista de corrida gigantesca que provavelmente podia abrigar 300 mil espectadores (e que "conhecemos" do filme *Ben Hur*, assim como todos "conhecem" o Coliseu via *Gladiador*). Mas o Coliseu em si era, por seu desenho, um círculo fechado de insularidade em meio a toda essa efervescência. Se o estádio de Olímpia era aberto para o Templo de Zeus e para as outras instalações esportivas no santuário, o círculo perfeito do Coliseu (possível graças à força do concreto romano) impunha uma separação em relação ao ambiente, assim como a maioria dos estádios modernos.

Entre 60 mil e 70 mil espectadores podiam sentar-se dentro dele, divididos em setores de acordo com o status social; e o camarote do imperador era a grande referência para os eventos que se desenrolavam na arena. O Coliseu tinha um sistema subterrâneo de corredores, roldanas e alçapões através do qual os gladiadores, os animais e os acessórios do espetáculo emergiam à superfície, e um *velarium* — um sistema de toldos de lona ligados a cordas e manejado por marinheiros — para proteger o público do sol e da chuva. Nos dias de calor, água perfumada pode ter sido borrifada sobre as massas concentradas no Coliseu.

Ao contrário do estádio de Olímpia, o Coliseu não tinha um cronograma predeterminado e recorrente de eventos. A organização dos jogos dependia da generosidade e dos interesses políticos dos patrocinadores, na maioria membros da corte imperial ou então cidadãos ricos. Financiar competições no Coliseu era uma maneira de ganhar a simpatia da multidão para fins políticos, e aparentemente não havia nenhum desconforto com isso. O famoso slogan "pão e circo" (*panem et circensis*) descrevia com precisão a situação. Quando um patrocinador decidia oferecer jogos no Coliseu, ele contratava um empreendedor (chamado de "editor") especializado na organização de espetáculos de massa — o que hoje poderíamos chamar de um organizador de eventos. O editor criava um programa com vários dias de duração (a seqüência mais longa desse tipo de competição, no início do século II d.C., teve 123 dias), e anunciava o programa com a distribuição de folhetos e com anúncios em voz alta pela capital.

Normalmente, um dia no Coliseu trazia uma variedade de shows (todos acompanhados por música), desde eventos esportivos no estilo grego e simulações de caçadas de animais exóticos até o evento principal: combates entre gladiadores individuais ou entre grandes equipes de gladiadores. Além da conhecida paixão pelas corridas de carruagem, as multidões romanas criaram gosto pela representação de batalhas históricas, principalmente batalhas navais, o que exigia a remoção do assoalho da arena, que era então inundada. Embora horrendas execuções não fossem incomuns, as pesquisas modernas questionam a idéia de que cristãos ou outros dissidentes religiosos tenham sido rotineiramente mortos para entreter o público.

A maioria dos gladiadores era composta de escravos que moravam e treinavam em acampamentos perto do Coliseu, mas havia um bom número de cidadãos livres entre eles. E até mesmo um escravo, se ganhasse várias batalhas, podia ter uma bela renda, que talvez investisse na compra de sua cidadania. O histórico de vitórias e derrotas de cada gladiador era anunciado assim que ele aparecia na arena, o que indica que naquele mundo brutal existia uma aura comparável ao estrelato esportivo da atualidade. A sobrevivência exigia alto nível de talentos atléticos (idênticos aos talentos militares daquele período); mas, em contraste com nossa idéia moderna de *fair play*, na arena, assim como numa batalha real, a idéia da competição em igualdade de condições não existia. Em primeiro lugar, os gladiadores chegavam com tipos de equipamentos muito diferentes. Um soldado comum de infantaria, com sua lança e seu escudo, muitas vezes enfrentava um *thraex*, que tinha um escudo menor e uma cimitarra. Um *retiarius*, armado com um tridente e uma rede, combatia um *pontarius*, cujas armas eram adequadas para lutar a partir de uma posição elevada. Havia *secutores, scissores, provocatores, sagitarii* e muitos outros papéis, nomes e tipos de equipamento. O único princípio que parecia ser sempre seguido ao se decidir quem combateria quem era o da assimetria entre os lutadores. Além de os oponentes usarem equipamentos diferentes, havia sempre desequilíbrio na eficácia de suas armas, na proteção de sua armadura ou na sua força física.

Ao contrário de muitos outros filósofos e escritores romanos, Sêneca, que morreu alguns anos antes da construção do Coliseu, não gostava das competições de gladiadores. Para ele, o fato de muitos romanos ricos investirem quantias consideráveis de dinheiro e paixão no sucesso de um bando de lutadores era um sintoma da crise ética do império. Sêneca aproximou-se da visão comum da intelectualidade de nossos tempos quando descreveu os combates de gladiadores como "simples assassinato", que apelavam aos instintos mais baixos da multidão. Surpreende, porém, que ele tenha ignorado um outro e importantíssimo fascínio que as lutas de gladiadores exerciam sobre os romanos, um fascínio que tinha uma afinidade marcante com alguns motivos de sua própria filosofia estóica.

Sêneca tinha todas as condições para enxergar essa afinidade quando usou as competições de gladiadores como metáforas para a existência humana. Mas ele parecia cegar-se para ela sempre que os jogos de gladiadores estivessem no centro de sua argumentação. O fascínio que ele ignorou, e que muitos outros autores (entre eles Cícero e até alguns dos fundadores da Igreja) viram, estava no que os romanos chamavam de "a hora da verdade", o momento em que um dos lutadores tinha sido derrotado e estava diante da morte, na frente dos olhos do público. Todos conhecemos, de vê-la em tantos filmes de Hollywood, a cena icônica em que o imperador decide se o gladiador derrotado receberá permissão para sobreviver ou o golpe mortal de seu adversário. Esse ritual é uma realidade em termos históricos, embora o gesto do imperador não fosse o de positivo ou negativo com o polegar. Mas, contrariando a versão do filme e o preconceito de Sêneca, pesquisas estatísticas mostram que a maioria absoluta dos combates (a proporção pode ter sido de 10 para 1) terminava com a libertação do lutador derrotado.

Se não era a sede de sangue da multidão que os patrocinadores queriam saciar, então qual teria sido o apelo dessa cena ritualizada, cuja forma estava ali para representar a iminência da morte e estender sua agonizante duração? Junto com a assimetria inicial entre os combatentes, a hora da verdade devia atrair a atenção da multidão exclusivamente não para o vencedor, mas para o perdedor, que — pelo menos por alguns momentos — enfrentava publicamente a iminência da morte. O que o lutador derrotado deveria demonstrar sob essas circunstâncias tão difíceis era serenidade, um rosto "impassível como gelo", "duro como pedra", impenetrável como uma máscara. Acredita-se que *máscara* tenha sido o sentido original da palavra latina *persona*, e não é muito absurdo imaginar que, para a cultura romana, essa preservação das aparências diante do potencial de destruição pessoal fosse o que moldava e realmente compunha uma "pessoa". Nessa interpretação das competições de gladiadores, o combate em si, com a injustiça inerente a ele, era apenas o primeiro ato — uma precondição para a produção da hora da verdade. Demonstrar serenidade diante de tamanha incerteza poderia transfigurar o gladiador derrotado no verdadeiro herói do espetáculo — não um herói como semideus, mas um herói como símbolo da força física necessária para enfrentar a fragilidade humana. Essa fonte de fascínio provavelmente não fazia parte da consciência do espectador romano comum, mas mesmo assim deve ter intensificado sua experiência.

De um ponto de vista moderno, essa tese (que parece ser bem aceita entre os especialistas atuais na história cultural de Roma) não transforma os espetáculos do Coliseu naqueles rituais humanos que costumamos imaginar quando pensamos nos jogos olímpicos da Antiguidade. Ainda assim, ao dar o papel de maior protagonista ao gladiador derrotado, em vez de ao vencedor, e ao ressaltar o conflito coreografado entre a agonia e o autocontrole, essa reinterpretação dos jogos de gladiadores nos ajuda a imaginar como os romanos devem ter encarado sua existência e sua sobrevivência. O melhor que um cidadão podia fazer naquele mundo tão incerto era suportar seu próprio sofrimento com uma serenidade estóica.

CAVALEIROS

É difícil que algum outro período da história ocidental tenha apresentado condições mais adversas para a realização de eventos esportivos que a Idade Média. Uma cultura em que a todo-poderosa Igreja exigia que os seres humanos servissem a Deus seis dias por semana e o louvassem no domingo não deixava muito tempo nem muito espaço psicológico para o crescimento de jogos e esportes. Além disso, o exercício físico, o esforço e a dor eram onipresentes e inevitáveis em todos os grupos sociais, portanto não era provável que se tornassem objeto de desejo. Por essas e por outras razões, é possível que as descrições que temos dos torneios de cavalaria — o único ritual da cultura medieval que parece sugerir uma afinidade com os esportes — não passem de produto da imaginação protoliterária. Talvez jamais saibamos se torneios semelhantes aos narrados pelos romances dos séculos XII e XIII aconteceram de verdade na vida medieval. Se quisermos realmente argumentar que aquelas cenas literárias são indicativas de algo similar à prática esportiva, acredito que temos de adotar o ângulo de encarar a cultura cortesã medieval como uma contracultura, distanciada da vida da maioria dos homens e mulheres daquela época.

As canções de amor que chamamos de poesia trovadoresca são as primeiras manifestações dessa contracultura cortesã, e o protagonista histórico consagrado como o primeiro trovador é Guilherme IX da Aquitânia, um senhor feudal do sudoeste da França que nasceu em 1071 e morreu em 1127. Guilherme passou a vida inteira em conflito com a autoridade teológica e o poder político do clero católico. Embora tenha perdido batalha tão desigual, reagiu de forma marcante e singular às medidas de repressão religiosa, com vários gestos de provocação — gestos que os historiadores da época registraram com desaprovação nas aparências, mas com uma simpatia secreta. Esse deve ter sido o motivo para o nome de Guilherme ter ficado ligado a um pequeno grupo de canções que falam de proezas eróticas e relacionamentos adúlteros sem meias-palavras. Uma dessas canções conta a história de um nobre que, disfarçado de peregrino e fingindo ser mudo, é convidado por duas moças a ir aos aposentos delas, onde eles têm relações sexuais "por oito dias, 188 vezes", até o ponto da exaustão (masculina) completa — quando então as moças reativam as energias do falso peregrino arranhando suas costas com as unhas de um gato vermelho.

Apesar da estatística impressionante de Guilherme, um verdadeiro recorde, não estou me propondo a interpretar sua dupla performance física (que alia canções a proezas sexuais insuperáveis) como um equivalente medieval para o esporte. O que quero ressaltar é a distância entre a cultura cortesã em relação à seriedade ética e ao controle religioso. Essa distância era o equivalente estrutural da autonomia que cerca a arte moderna. E uma perspectiva tão contracultural pode ser o ângulo que precisamos assumir se quisermos entender e apreciar aquelas belas descrições de torneios de cavalaria dos romances de Chrétien de Troyes, o autor presumido das mais antigas versões conhecidas da lenda do rei Artur, inventada muitas décadas depois das aventuras de Guilherme IX.

A descrição literária de Chrétien das vitórias seguidas de Lancelot em combates sob o olhar de Guinèvere e em homenagem a ela, que era sua amante e a mulher adúltera do rei Artur, deixa claro que aqueles que leram seus textos, ou os ouviram ser recitados, no mínimo sonhavam com um ambiente em que a força física e o talento militar pudessem ser transfigurados, através do amor, em algo que seria equivalente aos esportes:

> Enquanto a rainha estava fora do país, acho que as moças remanescentes pediram conselho umas às outras, sem saber o que fazer. Elas queriam casar logo. A decisão do conselho foi realizar um torneio. [...] Elas publicaram a notícia e fizeram com que fosse anunciada por todas as terras vizinhas, e nas distantes também; anunciaram a data do torneio com grande antecedência, para atrair mais gente. E a rainha voltou antes da data escolhida. [...] A multidão se preparou, a rainha e todas as moças, cavaleiros e outras pessoas. Havia assistentes por todo lado. No local do torneio havia

> um grande camarote de madeira, já que a rainha estava lá com todas as senhoritas e criadas; nunca se vira um tão bonito, tão grande e tão bem-feito. [...] Os combatentes saíram para os combates, encontrando parceiros com facilidade, que tinham vindo com o mesmo fim; outros se preparavam para outros exercícios de cavalaria. Os campos estavam tão lotados, assim como as plantações e as clareiras, que não dava para adivinhar o número de cavaleiros, de tantos que havia. [...] Quando Lancelot chegou ao torneio, ele valia vinte dos melhores, e começou a lutar tão bem que ninguém conseguia tirar os olhos dele, aonde quer que ele fosse. [...] A rainha chamou de lado uma criada discreta e sensível e disse: "Damsel, precisas levar um recado, e rápido; não é comprido. Desce do camarote e vai até aquele cavaleiro de escudo vermelho".

Se confrontos semelhantes entre dois cavaleiros sobre o lombo do cavalo tiverem sido realizados como eventos esportivos competitivos, o nível de força e de controle do corpo neles investido deve ter sido extraordinário. Um confronto como esse exigiria uma combinação coordenada de velocidade, mira, precisão, força, resistência e acima de tudo equilíbrio. Mas, mesmo nas mais interessantes descrições dos torneios medievais, o papel principal do evento é das senhoritas no camarote. Elas não são apenas espectadoras, mas também prêmios oferecidos aos vencedores. A "alegria da corte", como Chrétien de Troyes a chama várias vezes, a alegria supostamente desencadeada pelos torneios e por outras celebrações cortesãs, deve ter sido um misto de orgulho pelas conquistas atléticas com antecipação do êxtase erótico. Além disso, ela podia ter suas origens na animação dos participantes com a liberdade incomum, embora temporária, arrancada do controle religioso. Sob essas condições específicas e excepcionais, o exercício físico pode ter se transformado numa fonte de alegria, até mesmo no mundo medieval.

Mas a realidade histórica dos torneios medievais era provavelmente bem menos alegre. Os poucos fatos concretos disponíveis sugerem que, durante a segunda metade do século XII, aliados aristocráticos das regiões do noroeste da atual França costumavam realizar batalhas amistosas a cavalo. A função e o estilo desses exercícios, no entanto, deviam estar mais próximas da prática militar que das cenas encantadoras evocadas pela literatura daqueles tempos. O que distinguia a estrutura dessas competições de uma guerra real era a regra que proibia o uso de armas além de uma linha traçada dos dois lados da área estabelecida como campo de batalha, e uma outra regra que permitia ao cavaleiro conquistador ficar com os cavalos e a armadura dos adversários derrotados. Os dois regulamentos, pelo que sabemos, podiam ser compatíveis com exercícios militares reais. *Sabemos* que Guilherme, o Marechal, um dos cavaleiros mais famosos entre seus contemporâneos, conseguiu acumular uma pequena fortuna com suas vitórias nos torneios. Mas devemos então chamá-lo de atleta profissional? Os historiadores o vêem simplesmente como um membro da baixa nobreza que, graças a uma competência excepcional, teve a oportunidade de melhorar seu status econômico e social competindo em torneios.

Mesmo que um protagonista histórico como Guilherme, o Marechal, possa estar bem longe do status de um atleta, a partir do século XIII a memória dos torneios de cavaleiros — talvez a falsa memória de rituais que jamais existiram — começa a informar e a alimentar uma paixão nostálgica, acima de tudo nas cidades que então surgiam, por torneios organizados na forma de um desfile caro, abundante e cada vez mais sofisticado. A armadura reluzente que hoje ocupa espaço considerável em tantos museus europeus e até norte-americanos foi produzida por esses eventos ostentatórios. Ela nunca teve função militar, e certamente era pesada demais para permitir qualquer tipo de competição atlética. Em algumas ocasiões raras, porém, a imaginação nostálgica do final da Idade Média transformou o que era basicamente uma apresentação coreografada em eventos de realidade física ligeiramente mais competitiva. Sabemos que alguns dos denominados cavaleiros (principalmente na Espanha e na França, durante os séculos XIV e XV) anunciavam publicamente que iriam "defender" uma ponte ou um portão predeterminados contra todos aqueles que os desafiassem, na maioria das vezes em homenagem a uma mulher — e esses cavaleiros, estranhamente, acabavam engajados em confrontos verdadeiros com outros cavaleiros que decidiam desafiá-los só por prazer.

Talvez houvesse até uma afinidade remota entre essa obsessão de defender pontes e portões e a suposta origem de um jogo chamado *jeu de paume*, que alguns historiadores do esporte identificaram como o antecessor do tênis. Seus primeiros jogadores podem ter sido monges que rebatiam a bola com a palma da mão (daí o nome "jogo da palma") contra um arco do monastério, enquanto outros monges "defendiam" o portal.

RUFIÕES

A reprodução de competições imaginárias (ou reais) com coreografias que copiavam as formas básicas de competição mas que não permitiam o confronto físico acontecia com regularidade no período do início da era moderna. A maior parte do que classificamos hoje sob o vago conceito de desfile é resultado desse tipo de reprodução. Embora não seja possível traçar uma continuidade institucional ininterrupta ligando a estrutura desses jogos aos esportes coletivos da atualidade, certas características de nossos esportes coletivos parecem ter surgido pela primeira vez nesse contexto.

Um caso típico é o jogo de *calcio*, que era popular entre os aristocratas florentinos nos séculos da era dos Medici. Ele era disputado nas *piazzas* de Florença, na época do carnaval, por dois times de 27 homens cada. O evento acabou se dividindo numa versão competitiva (*calcio diviso*) e numa versão de demonstração (*calcio a livrea*), e ambos provavelmente tinham certa semelhança com o rúgbi de hoje. Pelo menos é isso o que textos florentinos sugerem, em detalhes incrivelmente descritivos: "Quando ele pegou a bola com as mãos, correu ao longo do campo com tal força e velocidade que qualquer um que tenha tido o privilégio de assistir àquele jovem maravilhoso ficou impressionado: E então ele chutou a bola com tanta potência que ela aterrissou a apenas uma braça da linha de gol".

Enquanto o jogo de *calcio* era um passatempo e uma fonte de entretenimento para os nobres e outros participantes ricos, havia outras formas de competição física relacionadas (algumas envolvendo a defesa e o ataque de pontes e portais) em que cada equipe representava uma localidade específica, um grupo social ou uma determinada atividade. O objetivo era sempre correr de forma coletiva e literalmente empurrar uma bola equivalente à do futebol ou à do rúgbi atuais para uma meta, contra a resistência física de outro grupo de corpos masculinos. Em vez de participar ativamente dessas competições mais violentas, muitos aristocratas funcionavam como patrocinadores de equipes ou de atletas individuais — e também apostavam grandes quantias de dinheiro nos campeões.

O papel ambivalente do público aristocrático desses jogos, cuja admiração desinteressada pela performance dos rufiões deve ter entrado em conflito com seu investimento muitas vezes substancial no resultado, iria se transformar na condição para o surgimento do boxe na Inglaterra, como o primeiro esporte profissional plenamente desenvolvido da era moderna (e a única exceção significativa à tese de que o esporte moderno só nasceu no início do século XIX). A versão setecentista do boxe era incomparavelmente mais brutal que os combates mais agressivos de hoje. Os lutadores golpeavam e se defendiam com os punhos nus, e os cortes e ferimentos nas mãos eram com freqüência motivos de derrota. Acima de tudo, os combates só terminavam com um nocaute decisivo ou com a exaustão completa de um dos lutadores (e às vezes dos dois). Lutas com mais de cinqüenta assaltos e horas e horas de duração não eram incomuns. O grande arquivo de imagens do período mostra em detalhes chocantes as conseqüências daquelas longas lutas. Apesar disso, as semelhanças sociais e culturais com o mundo do boxe atual são impressionantes.

Desde seu início na era da modernidade, o boxe exerce um fascínio especial para pessoas dos dois extremos do espectro social — para os ricos e cultos e também para os criminosos e marginalizados. E desde o princípio o boxe moderno tem sido objeto de todo tipo de manipulação ilegal. Até hoje, nunca se sabe ao certo se a luta foi arranjada ou não — e essa incerteza, estranhamente, contribui para o fascínio pelo boxe. As imagens dos primórdios do boxe moderno refletem essas tensões e ambigüidades em um nível incrível de detalhes, capturando, para alimentar nossa imaginação, a proximidade espacial em que o boxe, a prostituição e a criminalidade uniam-se com uma energia explosiva. Elas ressaltam o contraste entre os diferentes níveis sociais dos espectadores, que se divertiam bem mais com os corpos castigados e sanguinolentos do final da luta que com os lutadores imaculados do início.

O boxe também inspirava, entre os espectadores, um impulso quase irresistível para praticar esportes. O "cavalheiro boxeador", com seu toque intelectual, já era um tipo plenamente desenvolvido no primeiro século do boxe. Sua primeira personificação foi Jem Belcher, detentor do título dos pesos-pesados durante vários períodos do início do século XIX. De acordo com a *Boxiana*, de Pierce Egan, de 1813:

> Belcher parecia confiante, gentil e incrivelmente plácido em seu comportamento. Não havia nada que indicasse sua superioridade física; mas, quando despido, era musculoso e elegante. A ciência em que era mestre parecia ser exclusivamente sua — e seus adversários não tinham consciência das vantagens singulares que ela lhe dava sobre aqueles que estudavam e lutavam com base nos princípios tradicionais do pugilismo; o dele era completamente intuitivo; a prática havia potencializado seus efeitos, e ao confundir seus adversários ele ganhava tempo considerável para melhorar sua vantagem natural com diligência e determinação. [...] No convívio social Jem era agradável, além de modesto e despretensioso. Nem mesmo o homem mais sério tinha o senso de propriedade e de decoro de Belcher.

É interessante como as qualidades morais, que nesse e em outros textos andam junto com a potência física do lutador, assemelham-se às virtudes que os espectadores romanos viam em seus gladiadores. Desde o princípio do boxe moderno, as derrotas e as tragédias de grandes protagonistas fascinaram muito mais os fãs que suas vitórias. Jem Belcher não foi exceção. Depois de se aposentar precocemente e perder um olho num acidente não relacionado ao esporte, ele tentou voltar, mas foi impiedosamente derrotado. Seus fãs, porém, parecem ter considerado a última luta de Belcher o seu apogeu:

> Mesmo assim, apesar de os espectadores terem percebido deficiências em várias partes da luta de Belcher, desde o fato de ele não conseguir se proteger dos ataques como antes até o forte castigo sofrido por sua cabeça e por seu rosto durante o combate, sua

situação desesperadora provocou uma impressão profunda não apenas sobre seus amigos, mas sobre as pessoas em geral, e pôde-se observar lágrimas involuntárias escorrendo silenciosamente pelo rosto de aço de muitos dos presentes, pela dor da perda da grandeza de seu herói.

Como eram organizados principalmente ao ar livre, alguns dos grandes combates de boxe de Londres no início do século XIX atraíam multidões de 20 mil a 30 mil espectadores. Esses números confirmam que, em vários níveis, o desenvolvimento do boxe antecipou-se em até um século inteiro ao advento dos outros esportes modernos.

ESPORTISTAS

Entre os mais cultos entusiastas de boxe do século XVIII, uma boa explicação para o fascínio com esse tipo brutal de disputa seria um efeito de ricochete — uma reação à insistência da cultura iluminista na primazia da mente e da razão sobre o corpo e os sentidos. Os movimentos esportivos do século XIX freqüentemente buscaram legitimação em biografias e livros de autores que, mesmo durante o Iluminismo, manifestaram o desejo de retomar os aspectos mais sensoriais da vida. Um deles foi Johann Wolfgang von Goethe, que considerava o exercício físico, acima de tudo a natação e a patinação, uma condição necessária para manter no ápice sua sagacidade e sua produtividade como escritor. Outro foi Jean-Jacques Rousseau, que alegava apreciar ativamente a autenticidade da natureza intocada e cujo tratado pedagógico *Emílio* adotava a educação física. O fato de que muitas montanhas famosas dos Alpes foram escaladas pela primeira vez por cavalheiros prósperos no final do século XVIII pode ser interpretado como sinal precoce de uma mudança cultural na direção dos sentidos e da experiência corpórea.

Mas foi apenas no início do século XIX que o desejo de voltar à natureza e de corrigir o desequilíbrio entre corpo e mente encontrou um contexto social propício ao crescimento do que chamaríamos de esportes modernos. Em conseqüência das revoluções e reformas do século anterior, o lazer — antes um privilégio das classes altas — transformou-se numa promessa feita a todos os cidadãos. Numa época em que muitas das promessas sociais dos novos Estados ainda não tinham sido cumpridas, o lazer e as atividades prazerosas assumiram uma função de mediação, ao permitir aos membros da classe média acreditar que tinham se transformado no que sempre quiseram (e que lhes tinha sido prometido) ser — membros igualitários da sociedade, livres para escolher profissões e atividades e, acima de tudo, bem-sucedidos independentemente de sua origem social. A satisfação ocasional de um desejo pré-romântico (nostálgico, o lorde viaja à Suíça e admira o monte Matterhorn) transformou-se progressivamente numa prática institucionalizada, baseada em regras e talentos descritos com detalhes e que permitiam uma participação bem maior — e numa percepção cada vez mais clara da distinção entre essa prática e a esfera cotidiana do trabalho (membros de um clube de montanhismo viajam juntos, em suas férias anuais, para os Alpes franceses, para escalar o Mont Blanc).

Também no século XIX, as atividades de lazer transformaram-se em componentes centrais dos recém-surgidos programas de educação nacional e individual. Na Alemanha, especialmente na Prússia, esse fato assumiu um caráter prático e disciplinar. Friedrich Ludwig Jahn inventou o programa de ginástica em Berlim com o objetivo explícito de fortalecer a juventude alemã para as guerras de libertação contra Napoleão. O cavalo, como modalidade da ginástica, por exemplo, tem assim uma origem realmente histórica e política. A rigidez do formato e a atribuição de uma função paramilitar para cada movimento, junto com a esperança de retomar a força idealizada dos ancestrais alemães, eram elementos centrais para o comprometimento dos participantes. *Turnen*, a palavra inventada por Jahn para seu novo esporte, tinha o objetivo de trazer de volta os sons de uma língua germânica arcaica.

No contexto mais amplo da Europa e da América do Norte, a contribuição de Jahn ao esporte moderno foi considerada excêntrica (felizmente, é preciso acrescentar). Mais populares e bem-sucedidos que a ginástica foram o boxe, a luta livre, a esgrima, o tênis e o golfe, as corridas de cavalo e de barco, o montanhismo e a marcha. Todas essas atividades já existiam antes do século XIX, é claro, mas passaram a ser adotadas por números maiores de adolescentes, com mais energia, convicção e expectativa que em qualquer outro momento. Nenhuma instituição foi mais importante nesse processo que as escolas e universidades britânicas. Inspiradas por intelectuais alemães, como o arqueólogo Johann Joachim Winckelmann e o poeta Friedrich Hölderlin, que no século XVIII e no início do XIX tinham redescoberto a cultura grega dos corpos e se apropriado dela, as escolas britânicas fizeram desse ideal imaginário o modelo para educar os jovens e cosmopolitas cavalheiros ingleses. Antecipando-se ao conceito de amadorismo, as universidades de Oxford e Cambridge não permitiram que remadores profissionais participassem da primeira corrida entre suas equipes, em 1829. Em 1859, essa competição de remo já era realizada anualmente. Outros esportes coletivos também tinham cada vez mais popularidade entre os estudantes britânicos. O críquete, que já existia como um jogo de cavalheiros no século XVIII, começou a penetrar nas universidades mais ou menos nessa época. Surgiram formas primitivas e ainda indistintas de rúgbi e futebol.

Os pedagogos consideraram os novos esportes coletivos um meio positivo para a promoção de um novo *ethos* social, que estava assumindo o nome de "espírito esportivo". Ele uniria o compromisso do atleta com seu próprio time ao respeito e à honestidade para com o adversário de competição. Essa foi uma das bases para a tão repetida frase "mente sã, corpo são" (*mens sana in corpore sano*), que jamais teve um equivalente na Antiguidade clássica. Enquanto isso, sem amenizar o tom profundamente patriótico de seus primórdios, o *turnen* alemão transformou-se num movimento de massa mais ligado aos poderes políticos que promoviam a Alemanha como um Estado-Nação que à educação física em programas escolares. Em meados do século XIX, a Turnfeste anual havia se tornado uma manifestação poderosa do nacionalismo alemão, atraindo até 30 mil participantes.

Nos países de língua inglesa, esportes profissionais como o turfe e o boxe, associados a uma febre de apostas, atraíam enormes multidões e não foram afetados pelo surgimento do *ethos* do esporte amador. Os eventos de atletismo e de corridas também faziam parte do mundo do profissionalismo (e das apostas) sob o nome de esportes pedestres, em vez de se integrar ao movimento crescente do esporte universitário. O beisebol, por outro lado, não era nem profissional nem acadêmico no início de sua história, e talvez esse seja um dos fatores que o tornem tão tipicamente norte-americano. Apesar do estranho e insistente desejo de muitos entusiastas do beisebol de inventar um passado rural (se não bucólico) para seu jogo preferido, a fundação do primeiro clube de beisebol não poderia ter ocorrido num lugar mais metropolitano, típico da classe média.

Em 23 de setembro de 1845, um grupo de jovens de Nova York que desde a primavera de 1842 reunia-se todo fim de semana para jogar bola na esquina da Madison Avenue com a rua 27 autodenominou-se New York Knickerbocker Base Ball Club. Logo começaram a pegar a balsa para cruzar o rio Hudson e ir até Hoboken, Nova Jersey, uma ou duas vezes por semana, onde jogavam num pequeno bosque que tinha o nome mais apropriado possível, Campo Elíseo. O primeiro presidente dos Knickerbockers era médico, e o estatuto declarava que eles jogavam "meramente pela saúde e por recreação". Mas o espírito das reuniões aparentemente era menos espiritual e idealista. Nos primeiros anos do clube, os jogos do Knickerbocker costumavam ser seguidos de jantares regados a champanhe.

Em 1869, a era do beisebol só pelo prazer e puramente burguês já havia acabado, invadida por equipes universitárias e profissionais. Dez anos antes, duas escolas do oeste de Massachusetts, Amherst e Williams, enfrentaram-se no primeiro jogo de beisebol interuniversidades, marcando a entrada daquele que logo seria o passatempo preferido dos Estados Unidos no energético mundo do esporte universitário. Então, em 1869, um grupo de investidores de Ohio financiou o primeiro time profissional de beisebol, o Cincinnati Red Stockings, e contratou o britânico Harry Wright, filho de um jogador profissional de críquete, para treiná-lo. No Dia de St. Patrick, em 1871, a Associação Nacional de Jogadores Profissionais de Beisebol declarou sua independência da associação mais antiga de beisebol, cuja missão tinha sido manter viva a versão cavalheiresca do jogo. Criou-se uma liga profissional com nove equipes, dentre as quais três, o Boston Red Stockings, o Chicago White Stockings e o Philadelphia Athletics (hoje Oakland A's), ainda jogam nas principais divisões atuais. Em 1876, a primeira crise financeira da modalidade atingiu o beisebol profissional, dando aos donos dos times a bem-vinda oportunidade de reduzir os salários para oitocentos dólares, declarando que era "ridículo pagar 2 mil dólares ao ano para os jogadores".

O surgimento simultâneo do esporte universitário, profissional e recreativo motivou a fundação de associações nacionais (e logo também internacionais) de esportes, cuja grande conquista foi estabelecer as regras e os regulamentos do jogo. Essa homogeneização ocorreu simultaneamente a um processo de diferenciação, sobretudo na Inglaterra, entre os jogos que permitiam que os jogadores pegassem a bola com as mãos (e que a defendessem de interceptações agressivas) e versões que excluíam o toque na bola com a mão (e reduziam a possibilidade de ataques violentos). Tal diferenciação daria origem ao rúgbi (que nas universidades norte-americanas virou futebol americano) e ao futebol. Essa diversificação tão rápida entre formas mais violentas e mais fluidas de jogos com bola reflete uma revolução no gosto para a qual ninguém conseguiu ainda encontrar uma explicação convincente.

A Associação Inglesa de Futebol, fundada em 1863, foi refinando e estabilizando o jogo em edições sucessivas de seu livro de regras, até chegar a uma versão (quase) final em 1892. Desde então, o futebol foi sempre muito parecido com o jogo que conhecemos hoje, exceto, é claro, pelo nível mais alto de desempenho físico e pelo aumento de público. Fotos dos primórdios do futebol profissional dão a impressão de que ele um dia foi uma modalidade de pouquíssimos entusiastas. Mas já em 1888 a Associação de Futebol representava uma liga profissional cujos jogos seguiam as regras da entidade e cujos jogadores eram recrutados principalmente entre operários de fábricas. A Fifa foi criada em Paris em 1904, num momento em que organizações nacionais de futebol surgiam rapidamente em toda a Europa. Sem dúvida devido à popularidade singular dos esportes universitários nos Estados Unidos, uma divergência correspondente entre o futebol americano amador e profissional ocorreu bem mais tarde, nos anos 1920. E foi só depois da metade do século XX que o futebol americano profissional conseguiu competir seriamente com o futebol universitário pelos corações e mentes dos torcedores.

Os esportes amadores atingiram a apoteose no movimento olímpico moderno. Esse triunfo do amadorismo organizado foi uma conquista quase exclusiva de Pierre Frédy, o barão de Coubertin, um aristocrata francês culto, de talento impressionante para a diplomacia. Nascido em 1863, Coubertin cresceu num país que lutava contra o trauma da derrota na guerra contra a Prússia, uma derrota que ao mesmo tempo levou ao colapso do Segundo Império Francês e à fundação do Segundo Império Germânico. Mas Coubertin não parecia muito preocupado com a ascensão do nacionalismo alemão ou com o formidável *turner*. Demonstrando uma generosidade intelectual excepcional, ele passou a admirar as conquistas dos classicistas e arqueólogos alemães cujas escavações haviam revelado as ruínas da Olímpia antiga. Mas louvar as vitórias da arqueologia daquela época era uma coisa; chegar a uma compreensão historicamente adequada do esporte antigo revelou-se outra bem diferente.

Coubertin identificou os jogos pan-helênicos com o amadorismo e com uma atitude que valorizava a simples participação em vez da vitória. Essas duas interpretações equivocadas das olimpíadas da Antiguidade moldariam decisivamente o esporte moderno. Mas não devemos exagerar na dramatização das conseqüências do equívoco de Coubertin. Mesmo sem sua ideologia olímpica, um conceito equivalente de amadorismo provavelmente teria surgido em reação à expansão do esporte profissional. É possível encontrar evidências desse fato nas esquecidas olimpíadas de trabalhadores criadas pela União Soviética depois da revolução de outubro de 1917. Assim como a iniciativa de Coubertin, o movimento esportivo dos trabalhadores era ao mesmo tempo antinacionalista e antiprofissional (embora tenha se preocupado em se diferenciar da organização olímpica altamente burguesa, até aristocrática, de Coubertin).

Graças talvez a sua preferência aristocrática pelo hipismo e pela esgrima (junto com a admiração tão francesa pelas corridas de bicicleta), o fundador do movimento olímpico moderno sentia uma atração irresistível pelos valores e pelo estilo do esporte universitário britânico. Mas os britânicos responderam com frieza à proposta de Coubertin de incluir uma equipe francesa na competição anual de remo entre Oxford e Cambridge, e o internacionalismo britânico imaginado por Coubertin revelou-se uma ilusão. Aristocratas e membros da classe média alta de outras regiões da Europa e da América do Norte receberam melhor o entusiasmo de Coubertin. A aversão dele ao nacionalismo e à espetacularização do esporte profissional coincidiu com os valores desses países, e, depois da apresentação do barão sobre o amadorismo internacional num congresso em Paris no verão de 1894, as coisas aconteceram tão rápido que quase escaparam ao controle de Coubertin. Na tentativa de superar a proposta de realizar os primeiros jogos olímpicos da era moderna em Paris, durante a Exposição Mundial de 1900, a delegação grega lançou a idéia de organizar os jogos inaugurais em Atenas, na semana da Páscoa de 1896. Para não sair como vencido no front diplomático, Coubertin imediatamente adotou como sua a idéia de levar os jogos olímpicos "de volta" à Grécia.

Para espanto geral, ele conseguiu convencer a família real grega a aprovar o plano, apesar do estado catastrófico das finanças da nação. Na última hora, um milionário patriota ofereceu uma doação que tornou possível a construção de um estádio futurista. Ele foi erguido em Atenas, no local onde ficavam as ruínas de um estádio antigo que havia sido revelado recentemente por escavações, e seu desenho e vários detalhes arquitetônicos internos copiavam o que parecia ter sido uma tradição da Antiguidade. Mas sua capacidade de 70 mil assentos — inédita desde os tempos da Roma antiga — fez dele o primeiro estádio verdadeiramente moderno. Do ponto de vista histórico, sua inauguração pode ser vista como o evento mais importante dos primeiros jogos olímpicos da modernidade.

Fotos que mostram enormes multidões na cerimônia de abertura, durante a chegada dos maratonistas, e na festa de encerramento (numa cidade de apenas 200 mil habitantes) tornam fácil esquecer que os eventos esportivos em si foram organizados apressadamente, e que as performances das primeiras olimpíadas não impressionaram muito, nem mesmo para aquela época. Os convites para os vários comitês olímpicos, na maioria ainda embrionários, foram emitidos tarde demais, e os países convidados enfrentaram problemas financeiros e logísticos para enviar seus atletas a Atenas. Apesar do papel central de Coubertin no empreendimento, nenhuma instituição ou indivíduo da França quis patrocinar atletas franceses (dizem os boatos que os ciclistas franceses que ganharam honrarias olímpicas estavam na Grécia por acaso, por motivo profissional). A chegada da delegação norte-americana — formada principalmente por estudantes de Princeton e Harvard — foi facilitada por uma decisão de última hora de William Sloane, amigo de Coubertin e professor de Princeton, que resolveu cancelar sua própria passagem para Atenas — e a de sua mulher — para doar o dinheiro a um fundo anônimo que estava financiando a viagem da equipe americana. Infelizmente (imagino) para o capitão da equipe de atletismo americana, Robert Garrett, sua mãe, viúva, decidiu substituir Sloane no papel de acompanhante do filho e dos amigos dele.

Os 21 participantes alemães receberam o apoio da família imperial (que queria honrar seus irmãos gregos), mas quando voltaram foram expulsos da antiinternacionalista Turnerbund, de longe a organização esportiva mais poderosa da Alemanha. Dos governos europeus, a Hungria foi um dos que pelo menos mostraram uma dose de boa intenção em apoiar sua delegação na primeira olimpíada. Levando todos esses obstáculos em conta, não é surpreendente que as estatísticas do número de participantes dos primeiros jogos olímpicos sejam medíocres. Os 262 atletas que competiram em Atenas vieram de treze países, mas apenas 76 deles não eram gregos.

Os eventos esportivos em si eram atos improvisados, com resultados aleatórios, como era de esperar. Todas as provas de remo, por exemplo, tiveram de ser canceladas devido ao mau tempo. Sob a aprovação do olhar da mãe, Robert Garrett, de Princeton, ganhou a competição de lançamento de disco, embora tenha praticado a modalidade pela primeira vez alguns dias antes da prova. De um modo que casava bem com a ideologia olímpica caseira de Coubertin, o programa de eventos parecia mais um meio-termo entre as fantasias do final do século XIX sobre a Grécia antiga e as imprescindíveis concessões ao gosto moderno. Os eventos de atletismo, além dos de luta livre, natação e talvez até esgrima e levantamento de peso — isto é, esportes baseados em movimentos bem elementares do corpo —, provavelmente foram escolhidos como sugestões dos eventos competitivos do passado remoto, enquanto o tiro, o ciclismo, o tênis e (num gesto de reverência em relação à Alemanha) a ginástica e a subida de corda devem ter sido encarados como componentes mais modernos. O interessante é que não houve nenhum jogo com bola na primeira Olimpíada.

O evento que, mais que qualquer outro, personificou o espírito esportivo de 1896 foi a maratona, inventada sobre bases historiográficas incertas por Michel Bréal, filólogo e amigo de Coubertin. Ela reproduzia a lendária corrida desde um campo de batalha próximo ao vilarejo de Maratona até a cidade de Atenas; acredita-se que o maratonista original era um mensageiro que morreu depois de anunciar aos cidadãos de Atenas a vitória sobre os persas, em 490 a.C. O evento de 1896 reuniu imagens do árido panorama grego da época, a imaginação histórica do fim do século XIX e uma competição esportiva de verdade. Embora a primeira maratona das olimpíadas modernas não tenha sido realizada no dia do encerramento, como acontece hoje, a chegada do vencedor grego, Spiridon Louis, ao moderno Estádio Olímpico de Atenas, que ficava sobre um antigo estádio grego, foi sem dúvida o momento culminante dos jogos. Foi assim que Burton Holmes, turista norte-americano e autor prolífico de relatos de viagens, viu a entrada triunfal do vencedor — um misto de idéias tradicionais sobre a Grécia antiga e sobre a monarquia daquela época:

> Enquanto avalanches de aplauso desabam das laterais do estádio; enquanto o rei da Grécia esquece sua dignidade real a ponto de arrancar o visor de seu chapéu real e agitá-lo como louco; enquanto cidadãos sérios e corretos se abraçam freneticamente; enquanto lágrimas de alegria caem; enquanto pombas, com longas fitas brancas amarradas, são libertadas e voam pelo ar; enquanto todos os atenienses dão um grito triunfal, Louis, o camponês simples, o agricultor do pequeno vilarejo de Amarousi, é escoltado por dois príncipes e um grão-duque russo — os três abraçando-o, quase o beijando — desde a entrada até o final do estádio, onde é recebido pela mão real em meio a uma cena que há mil anos Atenas não testemunhava.

Da distante perspectiva atual, podemos identificar a primeira olimpíada de Atenas como uma antecipação do que seria o esporte durante o primeiro terço do século XX. Grandes multidões em estádios modernos, eventos internacionais em plena multiplicação e uma tensão cada vez maior entre o amadorismo e o profissionalismo — esse foi o cenário que moldou os esportes entre 1896 e os jogos olímpicos de Berlim, em 1936. Mas, da perspectiva daqueles que organizaram a segunda e a terceira olimpíadas, o sucesso futuro dos jogos era incerto. Se não houvesse um aumento no fascínio do público, o movimento olímpico poderia não ter sobrevivido a Paris em 1900 ou a St. Louis em 1904, eventos que foram apenas shows paralelos às popularíssimas exposições mundiais. Foi só depois das olimpíadas de 1908, em Londres, e dos jogos de 1912, em Estocolmo, que a promessa personificada pela maratona de Atenas foi realmente abraçada por fãs do mundo todo.

Os programas olímpicos subseqüentes adaptaram-se às transformações na política e no gosto. As mulheres começaram a ser admitidas em 1912, e a popularidade do esqui de fundo e de descida de montanha levou à primeira Olimpíada de Inverno, em 1924. Os anos 1920 trouxeram também um intenso fascínio por eventos em que, de um modo ou de outro, os atletas enfrentassem perigos, exaustão extrema ou a morte. Foram os anos dourados do boxe, das corridas de longa distância e do alpinismo (para o qual, por conquistas retrospectivas, medalhas olímpicas foram entregues em 1936). Os jogos com bola, sobretudo, passaram a ocupar o centro das atenções, apesar de estarem sob a intensa (e justificada) suspeita de profissionalismo. O hóquei no gelo; o *curling*;* o pólo aquático; o rúgbi e a pelota basca fizeram parte do programa da olimpíada de 1924, em Chamonix e Paris. Mas o evento mais popular de 1924, e que repetiu o feito em 1928, em Amsterdam, foi o torneio de futebol, vencido ambas as vezes pela "sensacional" seleção do Uruguai, cujo estilo elegante e ritmado inspirou toda a Europa. O sucesso incomparável do futebol nesses jogos, e seu conflito implícito com a ideologia amadora da olimpíada, levou à criação de uma Copa do Mundo de fute-

* Competição no gelo em que duas equipes lançam pedras na direção de um alvo com o objetivo de aproximá-las o máximo possível dele, sem tocá-lo. (N.T.)

bol, que rapidamente se tornou o segundo maior evento esportivo do planeta. O primeiro torneio aconteceu em Montevidéu, em 1930, em homenagem ao centenário da independência do Uruguai.

Muito se escreveu — talvez até demais — sobre os jogos olímpicos de Berlim, que se realizaram seis anos depois, sob direção nacional-socialista. Muito também se disse sobre o hoje consagrado filme da diretora Leni Riefenstahl, que documentou o evento. Aproveitarei portanto esta oportunidade para ser breve, restringindo meus comentários a apenas dois pontos. Em primeiro lugar, a olimpíada de Hitler levou a ideologia do amadorismo a uma perfeição grotesca, com suas distorções idealistas e seus excessos ostentatórios. Como mostra a seqüência introdutória do filme de Riefenstahl (em que estátuas gregas antigas, representadas por atores vestidos com parcas roupas íntimas, metamorfoseiam-se em atletas reais), e confirma a arquitetura do estádio de Berlim (com um grande Portão da Maratona, como meio-termo entre a forma em U do estádio de Olímpia e o círculo fechado do Coliseu de Roma), ninguém jamais tinha ido tão longe quanto os idealizadores da olimpíada de Berlim na fusão das tradições gregas com reivindicações nacionalistas modernas. Uma seqüência de profusas reiterações de equações ideológicas sugeria que o esporte moderno era o esporte da Grécia antiga, que a cultura alemã era herdeira da cultura da Grécia antiga, e que portanto o esporte era ao mesmo tempo grego e alemão em sua essência.

Para dar vida a essa tripla proposição, Carl Diem, um professor de colegial que dava aulas sobre a cultura clássica, e que era o ideólogo esportivo de Hitler, inventou um novo ritual olímpico que sobrevive até hoje, e em cuja autenticidade arcaica ainda nos esforçamos para acreditar, embora ele certamente jamais tenha sido realizado antes de 1936. Trata-se do percurso da tocha acesa com o fogo olímpico, que liga o local do santuário de Zeus em Olímpia a cada nova sede olímpica. Numa visão retrospectiva, dá para perceber que o momento em que a Alemanha levou sua ideologia olímpica a tal extremo representou o marco do início do fim do amadorismo. Como poderiam ser sérias as alegações e os rituais tão idealizados desse culto, também tão fortemente associado ao internacionalismo, se eles se permitiram ser utilizados tão facilmente em nome dos interesses de um Estado que personificava o racismo e o nacionalismo mais radicais que a humanidade já tinha presenciado?

O segundo ponto é que os Jogos de Berlim inauguraram uma dependência mútua entre o esporte e a tecnologia das comunicações, que cada vez mais define nossa experiência como espectadores na atualidade. A olimpíada de 1936 não apenas produziu um dos filmes esportivos mais bem-sucedidos da história, e não apenas teve cobertura internacional completa de rádio, como foi também o primeiro grande evento da história mundial (e não apenas o primeiro evento esportivo) a receber grande cobertura de televisão. Esse fato é bem pouco conhecido porque as imagens de TV captadas no estádio de Berlim só foram reproduzidas nos cinemas de algumas cidades alemãs, para audiências selecionadas.

O que aqueles selecionados espectadores alemães viram (e aquilo que os poucos que ainda estão vivos lembram melhor) foi, paradoxalmente, a revolução da ascensão dos atletas afro-americanos à posição de dominância no esporte internacional. A maioria dos espectadores que ainda estão vivos lembra-se especialmente das quatro vitórias devastadoras de Jesse Owens, e da elegância suave com que ele derrotou seus concorrentes internacionais. Durante os anos do pós-guerra, algumas pessoas também "se lembravam" do momento em que, depois de Owens ter derrotado o favorito alemão, Lutz Long, no salto em distância, os dois jovens sentaram-se no gramado do estádio olímpico e tentaram dar início a uma conversa. Mas esse mito (que ouvi de meu pai e de outras pessoas inúmeras vezes) não tem base documental.

CONSUMIDORES

Se a cobertura televisiva da olimpíada de Berlim representou o futuro do esporte moderno, em que se transformou esse futuro, agora, nosso presente? Comecemos a responder a essa pergunta destacando um fato estatístico. Na segunda metade do século XX, a prática de esportes tornou-se um passatempo — até mesmo uma forma de comportamento racional — para uma proporção bem maior da população mundial do que jamais tinha sido. As intervenções da indústria dos planos de saúde ajudaram a elevar a atividade física ao status de obrigação ética e econômica. Como clientes das empresas de seguro-saúde, somos convocados a ajudá-las a controlar suas despesas aumentando nossa capacidade cardiovascular e reduzindo nosso índice de massa corporal. Para seguir as ordens, entramos numa academia ou num clube, onde, novamente como consumidores, investimos nosso dinheiro na promessa de longevidade e sucesso profissional (para não falar do social).

Enquanto isso, a ideologia do amadorismo desapareceu quase sem deixar vestígios. A maioria dos atletas de ponta que têm potencial para atuar em um nível competitivo nacional ou internacional torna-se profissional o mais rápido possível, às vezes ainda crianças. O passo final dessa transformação econômica do esporte foi dado entre os jogos olímpicos de 1984, em Los Angeles, e os jogos de 1988, em Seul. Essas foram as primeiras olimpíadas que geraram um nível de receita (a maioria proveniente da transmissão e da publicidade de TV) superior às despesas — uma reviravolta notável, se se levar em conta que a olimpíada de 1976 em Montreal causou problemas financeiros para a cidade-sede cujas conseqüências são sentidas até hoje.

Com o sucesso econômico da transmissão das olimpíadas no final dos anos 1980, surgiu a idéia de que a distribuição da receita gerada deveria incluir os atletas cujas modalidades, analisadas isoladamente, não gerariam renda. É difícil imaginar dezenas de milhares de espectadores pagando ingressos caríssimos para assistir aos competidores da marcha atlética apresentando seus movimentos estranhamente rebolantes. Mas, em se tratando de telespectadores, o mercado é totalmente diferente. Com o vaivém da edição da transmissão de uma prova mais longa de atletismo (entremeada de atrações de interesse humano), a marcha atlética pode se tornar um evento paralelo atraente — e uma inspiração em potencial para as centenas de milhares de telespectadores que querem praticar esportes em nome da saúde. A transmissão televisiva, financiada pela indústria da publicidade (que encara cada um daqueles telespectadores como um consumidor em potencial), criou dessa maneira um relacionamento bilateral entre os muitos milhões que praticam esportes em prol da própria saúde ou do lazer e os poucos milhares que praticam esporte num nível altamente competitivo. Ironicamente, talvez, temos motivos para crer que muitos dos gordinhos que acordam cedo para correr carregam consigo uma auto-imagem moldada pelos grandes fundistas etíopes. Se ainda é um certo exagero dizer que as características dos atletas profissionais e dos consumidores comuns de esporte estão se aproximando entre si, a divisão entre elas é definitivamente bem menos evidente que há um século.

Houve um segundo desdobramento, menos drástico que a transmissão televisiva, mas que precisa ser mencionado em qualquer panorama sobre o esporte da atualidade ou do futuro. Principalmente como resultado das mudanças econômicas, políticas e culturais que chamamos de globalização, a importância da nacionalidade na percepção dos fãs e na identificação com os atletas e equipes parece estar diminuindo. Já se disse muitas vezes que atletas de fama mundial como as irmãs Williams, David Beckham, Tiger Woods ou Michael Schumacher têm status de ícones globais. Seria portanto possível também que a nacionalidade, como identificador dos esportistas, esteja sendo substituída pelas marcas que eles representam? Será que a globalização fez com que os atletas trocassem tacitamente seu capital nacional por um capital mais individualista e puramente econômico? Em alguns casos é inegável que isso esteja acontecendo. No mundo todo, a imagem de Michael Schumacher está muito mais associada à marca Ferrari que à Alemanha, onde ele nasceu; e para as centenas de milhares de fãs de Michael Jordan em todo o planeta é provável que, quando se ouve seu nome, a palavra *Nike* venha à cabeça mais rápido que a palavra *norte-americano.*

É claro que a duração e a estabilidade das relações comerciais entre a Nike e Jordan e entre Schumacher e a Ferrari ainda são exceções. Bem mais comum é o jogador de futebol que acaba nunca se associando a uma marca de material esportivo específica, porque seu patrocínio muda cada vez que ele muda de time. Mas, se as marcas realmente substituírem as identidades nacionais na percepção que temos dos atletas mais famosos — se os fãs se tornarem, acima de tudo, consumidores em potencial para tênis, carros e outros equipamentos esportivos —, algo de fundamental no relacionamento entre os torcedores e seus heróis terá mudado.

Analisando a comercialização do esporte de outro ponto, fico imaginando se talvez chegaremos a um momento, um dia, em que o esporte supere (ou até rompa) sua insularidade tradicional em relação ao dia-a-dia dos fãs. Não me refiro ao impacto econômico do esporte, mas, por exemplo, ao número de horas por semana que advogados, dentistas e engenheiros passam na quadra de tênis ou no campo de golfe em comparação ao número de horas que investem em seu trabalho, em atividades voluntárias ou na vida em família. Eu certamente me reprovo pela quantidade de tempo que gasto assistindo a esportes na TV e no estádio, sem falar dos gastos anuais com os ingressos da temporada. Mas não estou falando com base em um ponto de vista especificamente moral ou político (menos ainda crítico ou autocrítico).

Vou tentar descrever uma coisa que considero notável através de uma pequena alegoria do dia-a-dia. Alguns anos atrás, quando levei um grupo de trinta universitários para uma visita a casas japonesas tradicionais de Kyoto, todos nós seguimos a convenção japonesa de tirar os sapatos para entrar num lugar particular ou religioso. Olhei para aquela pilha de Adidas, Nikes e Reeboks e me dei conta de que eu era a única pessoa naquele grupo de 31 norte-americanos que não estava usando tênis. É óbvio que nenhuma das outras trinta pessoas estava prestes a participar de uma competição atlética, como eu também não estava. Encarei esse pequeno fenômeno social como uma possível indicação de que o esporte, disfarçado de cultura do lazer, possa estar fugindo a seus limites convencionais e invadindo o resto de nossa vida, obrigando-nos a assumir o papel de consumidores permanentes de esporte, em vez do de fãs.

Há outras inovações no horizonte. Em muitos esportes, hoje, os atletas mais importantes alcançaram um nível próximo ao limite físico do desempenho humano. Isso fica particularmente evidente nas competições de atletismo, em que não se registraram recentemente recordes que se comparem ao de Bob Beamon no salto em distância, na olimpíada de 1968, e em que o recorde mundial dos cem metros rasos certamente jamais cairá para abaixo dos nove segundos. Com os atletas atuando no limite da capacidade humana, a questão da performance alimentada por drogas (ou até por terapias genéticas) fica mais aparente. Esportes que não tenham demonstrado limites de performance imediatamente plausíveis podem resistir por mais algum tempo ao uso de substâncias para melhorar o rendimento. Mas será que para outras modalidades essas substâncias não se tornarão apenas mais um item do kit de equipamentos atléticos considerados normais pelos fãs, como a luva do goleiro ou a raquete de tênis? Não é tão absurdo imaginar que, num futuro não muito distante, deste Admirável Mundo Novo, as marcas das substâncias para aumentar o rendimento possam se ligar ao nome dos atletas mais famosos do mesmo modo como acontece hoje com o das montadoras de carros ou das fábricas de tênis. Será que um dia haverá um campeonato mundial para a indústria de substâncias de aumento de desempenho, paralelamente ao campeonato que existe hoje para os fabricantes de carros de corrida? Não é difícil imaginar.

Embora eu resista à tentação de julgar essas questões de um ponto de vista moralista, a pergunta que considero mais interessante a respeito do futuro é a mesma que vai nos levar, no próximo capítulo, a uma discussão sobre o fascínio do esporte. Se um número cada vez maior de modalidades esportivas chega ao limite do desempenho humano, onde quer que esse ponto esteja, será que nosso interesse como entusiastas ainda vai ser mantido pelo apelo estético da performance dos atletas, em vez de pelos recordes quantitativos que eles não conseguirão mais quebrar?

3. Fascínios

O que é que tanto fascina os espectadores de esporte, além das vitórias, derrotas e recordes quebrados? A que eles tanto apreciam e, talvez inconscientemente, querem se apegar quando não estão pensando em estatísticas? Essas perguntas, a respeito do objeto de uma experiência estética, estão entre as questões decisivas para um livro que pretende elogiar o esporte como fonte de alegria para aqueles que o acompanham.

Antes de tentar responder, citarei alguns tópicos possíveis e passíveis de ser legitimamente associados com o prazer dos espectadores. Quando declaro que não vou falar de vitórias, derrotas e outros recordes, pode parecer que estou deixando aberta a possibilidade de que pelo menos o *arete* tenha influência na produção daquilo que apreciamos no esporte. Mas os méritos da busca pela excelência não ocuparão o primeiro plano deste capítulo. Também não vou retomar a estrutura e as ações do juízo estético. O que gostamos nos esportes, e o que tratarei como objeto dessa experiência, pertence a uma série de fenômenos que fica de algum modo entre a performance e o ato de julgá-la. São movimentos corporais quase sempre já moldados pelas expectativas e pelo apreço que os espectadores levam com eles para o jogo.

O status intermediário desses movimentos corporais faz com que eu escolha a palavra *fascínio* como conceito. Ela se refere ao olhar que é atraído — e até paralisado — pelo apelo de algo que é percebido (em nosso caso, a performance atlética). Mas ela também capta a dimensão adicional da contribuição do espectador. Vários tipos de disposição por parte do espectador contribuirão para a formação de diferentes fascínios. Se um técnico experiente de ginástica artística e um espectador novato assistirem a uma série na barra, os dois podem apreciar o que estão vendo, mas o fascínio de cada um não será o mesmo, simplesmente porque o conhecimento e o envolvimento são muito diferentes.

Seguem aqui, portanto, sete fascínios esportivos distintos que tentarei descrever e complementar com ilustrações contemporâneas e históricas: corpos esculpidos; sofrimento diante da morte; graça; instrumentos que aumentam o potencial do corpo; formas personificadas; jogos como epifanias; e *timing*. Não raro um fascínio específico é decisivo para nossa apreciação de um evento esportivo. Por exemplo, a graça é o que mais admiramos nos eventos de atletismo, enquanto na ginástica o que mais gostamos é a personificação de um grupo de formas ou figuras. Mas é improvável que exista alguma modalidade cujo apelo possamos captar em sua plenitude, associando-o apenas a um tipo de fascínio. Vários tipos de fascínio podem se juntar — e normalmente o fazem — quando assistimos a uma determinada modalidade. As corridas de longa distância, além de ressaltar a graça dos competidores, deixam os espectadores muito conscientes da exaustão e da agonia dos atletas. Durante um jogo de basquete, admiramos a execução de uma jogada estratégica, mas também apreciamos o *timing* de um toco defensivo seguido de um arremesso de três pontos no último segundo do jogo.

O objetivo da minha tipologia dos fascínios é nos ajudar a captar a complexidade dos movimentos que apreciamos quando assistimos a esportes. Mais que isso, ela não contém nenhum princípio unificador, nenhuma matriz de significados, nenhuma "gramática" que prescreva o modo como esses fascínios podem se associar entre si (como os intelectuais teriam tentado encontrar nos tempos em que Pelé dominava o mundo do futebol). Essa tipologia não pretende, pelo menos não em princípio, representar realidades — e menos ainda copiá-las. Trata-se de fazer distinções entre conceitos, para que possamos determinar, num nível mais complexo, exatamente o que é que consideramos belo nos esportes. E talvez o ato de fazer um elogio não seja mais do que isso.

CORPOS

Deixe sua imaginação levá-lo de volta àquele espaço cercado de colunas de um ginásio da Grécia antiga, onde cidadãos e seus filhos esculpiam os corpos com exercícios e onde a nudez era uma condição para a atividade. O ginásio também inspirava conversas intelectuais, o que provavelmente explica por que tanto a Academia de Platão quanto o Liceu de Aristóteles desenvolveram-se ao lado de ginásios. Mas, como sabemos pelos *Diálogos* de Platão, as trocas intelectuais nunca se afastaram da permanente admiração pela beleza dos corpos esculpidos.

Quais eram os objetivos desses jovens gregos (e não tão jovens assim) que passavam tanto tempo esculpindo seus corpos, e quais eram as limitações que eles enfrentavam para atingir esses objetivos? Embora essas perguntas não pareçam ter perturbado muito os gregos, tentemos respondê-las com base numa academia da Los Angeles atual. Se deixarmos de lado o condicionamento físico e a preservação da saúde como as duas motivações estatisticamente dominantes mas esteticamente irrelevantes para a matrícula ali, restam-nos dois tipos de transformação corporal que acontecem na academia — e elas também podem ter acontecido no ginásio grego. Somos até capazes de associá-las aos nomes de dois eminentes californianos de nossos tempos. Uma modalidade de escultura corporal é personificada pelo ex-Mr. Universo, ex-astro de cinema e atual governador da Califórnia Arnold Schwarzenegger. O princípio ao qual associamos Schwarzenegger é o crescimento infindável de cada músculo. Os fisiculturistas que adotam essa orientação (quando tudo dá certo) acabam assumindo a aparência de modelos anatômicos. Mas o melhor modelo anatômico não é necessariamente aquele com os maiores músculos. É uma figura na qual o desenvolvimento de cada músculo não atrapalha, e sim reforça uma impressão de harmonia de difícil definição.

Se a modalidade de fisiculturismo de Schwarzenegger envolve uma progressão gradativa na direção de um ideal (um ideal que, estranhamente, encaixa-se na fórmula nietzschiana de "tornar-se o que você é"), quero associar a segunda modalidade de fisiculturismo ao nome da filósofa Judith Butler, professora de retórica e literatura comparada da Universidade da Califórnia em Berkeley. Butler dedicou *Bodies that matter*, seu livro mais importante, à questão da transformação do corpo. Ela pensa a transformação do corpo, e escreve sobre ela, como um processo lento (e às vezes doloroso) baseado na performance diária. O fato de ela também falar sobre os limites desse processo, sobre o fato de que uma mulher de compleição pequena que queira atingir um determinado tipo de corpo atlético jamais conseguirá seu objetivo, provocou fortes críticas de outras feministas, partidárias da idéia do construtivismo ilimitado de gênero — a convicção de que, entre outras coisas, o corpo é capaz de se adaptar a qualquer meta de transformação.

A posição oposta — a insistência em limites inescapáveis — é o ponto de partida da intuição estética desbravadora de Butler. Em vez de pensar na meta da transformação do corpo como sua conformação a figuras que já existem, o fisiculturismo, segundo Butler, tem o potencial de produzir uma infinidade de formas novas e híbridas que afastem os corpos dos tipos femininos/masculinos tradicionais. Em vez de continuar a pensar num tipo masculino de corpo feminino, uma mulher que está transformando o corpo pela prática do lançamento de disco ou do arremesso de peso pode aperfeiçoar e apreciar a descoberta de novos formatos do corpo, formatos que não são nem femininos nem masculinos no sentido convencional.

Mas os corpos masculinos nus do ginásio grego e os corpos parcamente vestidos de ambos os sexos das academias de hoje em dia têm alguma coisa a ver com o tipo de prazer que nos diz respeito aqui — o prazer sentido pelos espectadores? A academia moderna, assim como o ginásio da Antiguidade, só está aberta para pessoas que estejam ativamente engajadas na atividade física, e que portanto não são espectadoras no sentido estrito da palavra. Por outro lado, os atletas da Antiguidade e os fisiculturistas modernos têm a mesma paixão pelo brilho de seus corpos, com a aplicação de óleos e outros líquidos sobre a pele, e essa prática sugere que os fisiculturistas encaram os outros fisiculturistas como espectadores em potencial. Poderíamos dizer que quem vai à academia para malhar é ao mesmo tempo atleta e espectador.

Essa duplicação reflexiva responde pelo clima erotizado que sempre permeou o mundo do fisiculturismo. Também explica por que, desde o século VI a.C., o ginásio transformou-se em um dos lugares em que os homens gregos das classes mais altas avançavam pelos dois estágios do amor homossexual, primeiro como adolescentes eroticamente passivos e depois como jovens adultos eroticamente ativos. Uma taça datada aproximadamente de

510 a.C. mostra o namoro de quatro casais homossexuais num ginásio. Todos estão envoltos em togas transparentes; os quatro homens ligeiramente mais altos e mais velhos abraçam os mais novos, cujos traços parecem de uma delicadeza pré-adolescente, e cujos penteados são muito elaborados. Três dos homens mais velhos aproximam as mãos dos genitais dos garotos. Em um dos meninos que olha para o amante, que está com o rosto voltado para ele, sentimos timidez, confiança e talvez uma faísca da paixão despertando no rosto adolescente. Com sua mão direita, o menino segura um pequeno frasco com o óleo que fará seu corpo brilhar.

SOFRIMENTO

Nada poderia estar mais longe do clima do ginásio grego da Antiguidade que um ringue moderno de boxe. Se sob a aparência da timidez, da cautela e do autocontrole inicial o ginásio despertava e saciava desejos eróticos, as cordas que cercam o ringue de boxe envolvem e mal contêm uma paixão direta e destrutiva. As conseqüências devastadoras da violência desenfreada de atletas e espectadores são o segundo fascínio esportivo que quero explorar. Desde pelo menos o século XVIII, o boxe sempre atraiu os cultos e ricos, mas nenhum grupo de espectadores tem reputação pior que os do boxe. A hipótese que sustenta essa má reputação é, no entanto, tão superficial que chega a ser ingênua. Ao contrário do que acreditam seus detratores, os fãs de boxe não se identificam incondicionalmente com a manifestação superior de violência física do lutador mais forte, quando ele castiga seu oponente até levá-lo à inconsciência. O que o pugilismo representa no ringue, com reconhecidamente poucas limitações, é o confronto dos lutadores com a morte em potencial. Assim como gladiadores romanos, os pugilistas só conquistarão a admiração e o amor da multidão se tiverem estado na situação dramática de enfrentar a possibilidade de sua destruição física pessoal.

Nenhuma outra carreira na história do boxe deixa esse fascínio tão evidente quanto a vida de Jack Dempsey, um dos grandes campeões dos pesos-pesados. Como escreveu o próprio Dempsey no prefácio a uma biografia publicada em 1929, pouco depois de sua aposentadoria, ele pode "não ter sido o melhor peso-pesado de todos os tempos", mas dominou sua modalidade no início dos anos 1920, a época de ouro do boxe moderno. Mais que técnica e elegância (que ele tinha, até certo ponto), Dempsey representava a força de vontade e a energia física nua e crua. Ele nascera em 1895, nono filho de um casal mórmon de Manassa, uma pequena comunidade de mineração de carvão do Colorado. Na trajetória até o título mundial, Dempsey adotou o nome de guerra de Manassa Mauler [O Destruidor de Manassa], que fundia suas origens sociais e seu estilo de lutar. Nos anos 1920 e 1930, ele atraiu muitas multidões "sensacionais" de mais de 100 mil espectadores, e foi o astro da primeira luta de boxe com arrecadação de mais de 1 milhão de dólares em ingressos. Mas, embora fosse uma atração enormemente bem-sucedida, Dempsey, por bastante tempo, não foi um campeão popular dos pesos-pesados. Sua situação era comparável à do jovem Mike Tyson: todo mundo queria vê-lo lutar, mas pouquíssimos queriam vê-lo ganhar.

Depois de deixar Dempsey por um bom tempo afastado do ringue, seus empresários organizaram uma luta para que ele defendesse o título diante de um promissor ex-fuzileiro naval, Gene Tunney. O combate aconteceu em Filadélfia no dia 23 de setembro de 1926, num estádio a céu aberto, sob uma chuva torrencial. Com 144 468 espectadores, atraiu o maior público da história do pugilismo, e um dos maiores públicos da história de qualquer esporte. Desde o primeiro dos dez exaustivos assaltos, Dempsey não chegou nem perto de ter a mínima chance de ganhar, e a multidão parecia gostar disso. Aqui está a descrição do *New York Times* para o primeiro assalto:

> Tunney acerta um golpe de raspão na mandíbula de Jack, mas ele nem incomoda Jack. Eles estão no centro do ringue. Jack recua do avanço de Tunney e toma uma direita leve no rosto. Ele recua para as cordas. Jack não demonstra a rapidez que costuma mostrar. Não é nem de longe o Jack a que estamos acostumados. [...] Todo mundo grita: "Dempsey está grogue!", mas para mim ele não parece grogue. Esse não é o Jack Dempsey que estamos acostumados a ver. [...] Tunney o acertou no rosto pelo menos seis vezes, com direitas e esquerdas, e Jack toma mais uma no olho quando soa o gongo. O primeiro assalto: Tunney ganha de lavada.

Nove assaltos depois, quando Tunney, enrolado em toalhas brancas, foi declarado vencedor por pontos, a multidão aplaudiu o novo campeão, mas só isso. Dempsey, em comparação, era uma figura "lamentável. O sangue jorrava do nariz e da boca, o olho esquerdo, machucado e castigado, estava totalmente fechado, e sangrava. Havia um corte de dois centímetros e meio sob seu olho esquerdo". Mas, quando ele estava deixando o ringue, aconteceu uma coisa esquisita. A "multidão estranhamente silenciosa e pouco entusiasmada" de repente começou a gritar o nome de Dempsey. Na derrota tão grave que representara até risco de vida, Dempsey havia se transfigurado em herói.

Anos depois, em outra biografia, Jack Dempsey chegou à conclusão correta sobre essa mudança no estado de espírito dos espectadores na luta de 1926: "Para minha surpresa, fui muito aplaudido quando estava deixando o ringue, mais do que havia sido aplaudido antes. As pessoas gritavam: 'Campeão, Campeão!'. Será que a derrota foi na verdade uma vitória?". Gene Tunney aposentou-se alguns anos depois, como campeão mundial invicto dos pesos-pesados, mas em sua carreira irretocável jamais se tornou um ídolo. Joe Louis, pelo contrário, que perdeu uma luta no início da carreira, por nocaute, para o veterano campeão alemão Max Schmeling, começou sua segunda ascensão no fim dos anos 1930, e no trajeto até o auge ganhou a adoração dos fãs. Para muitos boxeadores, sofrer uma derrota dramática parece ser uma precondição necessária para entrar no panteão da modalidade.

Mas, se a principal atração do boxe é a proximidade do lutador com a morte, isso não significa que a inteligência estratégica, o talento técnico e acima de tudo a graça nos movimentos estejam excluídos dos atributos que fazem os pugilistas brilharem na percepção de seus fãs. O talento atlético natural, junto com o dom mais raro de saber encontrar as palavras certas para promover suas conquistas, deu a Cassius Clay, um jovem medalhista de ouro das olimpíadas de 1960 em Roma, a aura de um campeão excêntrico. Mas as lutas pelas quais o "Melhor de Todos os Tempos" será sempre lembrado, as lutas que deram origem ao status incomparável de Muhammad Ali na história do boxe, foram lutas em que ele sofreu a ponto de estar à beira da destruição física.

Lembro-me dos três combates dele contra Joe Frazier e principalmente da luta épica de um Ali já mais velho contra o jovem e fisicamente superior campeão mundial George Foreman, que aconteceu na capital do Zaire, Kinshasa, no dia 30 de outubro de 1974 (essa luta transformou-se no episódio central do filme *Ali*). Apoiado nas cordas de propósito, deslizando e esquivando-se o melhor que podia (estratégia que Ali depois chamou de "rope-a-dope"), e recebendo golpes brutais, a maioria contra a caixa torácica, durante sete assaltos, Muhammad Ali inverteu a dinâmica do combate no oitavo assalto, quando, como se do nada, atingiu Foreman de forma decisiva com um gancho de esquerda, um direto de direita na mandíbula e outro gancho de esquerda. Nessa luta e no próximo confronto — uma vitória com uma vantagem estreita sobre Joe Frazier, que Ali descreveu como "o mais perto da morte que já estive" —, ficou claro, de uma vez por todas, onde está o fascínio do boxe. Trata-se de sofrer até quase chegar à morte, para então, se possível, voltar da experiência de quase-morte e assumir um domínio físico decisivo.

Diferentemente das touradas, que assim como o boxe representam e celebram a intimidade com a morte, o boxe não oferece a possibilidade de uma morte gloriosa dentro do ringue, diante dos torcedores. A morte de um pugilista é sempre um acidente, não faz parte da luta. Nas raras ocasiões em que acontece, porém, há uma enorme demonstração de solidariedade para com a vítima. Quando Arrachion de Phigalia competia pela terceira e improvável vitória no implacável pancrácio olímpico, em 564 a.C., seu oponente, que era muito mais jovem, sufocou-o durante a luta. Jamais tão admirado quanto no momento de sua morte, Arrachion foi declarado vencedor póstumo, apesar de não ter ganhado o combate.

O pugilismo não está sozinho como objeto do fascínio dos espectadores pelo sofrimento, embora em outros esportes o sofrimento possa ser mental tanto quanto físico. Todos os esportes que provocam um confronto direto entre dois oponentes — um duelo, no sentido mais literal — reproduzem uma cena em que a tranqüilidade diante dos gestos de destruição é o ponto alto da produção. Isso certamente se aplica à luta livre, em que fugir da imobilização é quase tão bom quanto um empate. E também se aplica à esgrima, por mais reduzido que seja o impacto de violência física permitido. De forma menos intuitiva, o mesmo cenário básico provoca a excitação nervosa dos grandes jogos de xadrez, e explica por que os campeões de xadrez precisam de um nível surpreendente de condicionamento físico. Como explicou uma vez Garry Kasparov, ex-campeão mundial de xadrez e um dos maiores enxadristas de todos os tempos, sem esse tipo de resistência os jogadores de hoje não conseguiriam manter sua concentração mental durante as exaustivas competições. Seria o estresse desse confronto cara a cara o responsável, de alguma forma, pelos problemas psiquiátricos que afetam tantos grandes campeões de xadrez, sobretudo o recluso gênio norte-americano Bobby Fischer?

Tranqüilidade, calma e resistência no combate de um para um também são os requisitos do tênis nas competições de simples. O objetivo de cada serviço, de cada *game*, *set* ou *match point* é atrapalhar a concentração do adversário. Assim como os pugilistas, os grandes tenistas têm um semblante duro, que usam no jogo e que enerva o oponente. Pense na fisionomia de Martina Navratilova e de John McEnroe quando jogavam a bola para cima, para sacar, e encaravam seus adversários. E lembre como pode ser frio o ritual do aperto de mão sobre a rede ao fim de uma grande partida, especialmente quando a vencedora é, mais uma vez, Venus ou Serena Williams. Todos os tenistas perdem e ganham, mas aqueles que sucumbem à angústia mental não chegam ao ápice da modalidade. O tricampeão de Wimbledon Boris Becker, uma vez encerrados seus destemidos anos de adolescência, desenvolveu o hábito de entoar monólogos autopunitivos antes dos pontos decisivos. Diante da destruição em potencial, ele perdia completamente a tranqüilidade.

Em alguns esportes, a proximidade com a morte vem mais da exaustão física que do ataque físico ou mental do adversário. É esse o caso das corridas de longa distância e do alpinismo. Competições de ciclismo como o Giro d'Italia ou o Tour de France fascinam os espectadores pelo mesmo motivo. Jan Ullrich tem sido o segundo melhor ciclista da era Lance Armstrong, e talvez o atleta mais talentoso de sua modalidade. Mas Ullrich só conquistou a admiração de fãs fora da Alemanha quando as difíceis derrotas nos trechos montanhosos do Tour de France começaram a deixar marcas permanentes em seu corpo. Pesquisas médicas já mostraram que o ciclismo de fundo envolve um nível de exaustão física maior que qualquer outro esporte. Mas em boa parte do tempo o adversário cuja proximidade motiva esse esforço autodestrutivo está literalmente fora do alcance da visão.

GRAÇA

Se a palavra *graça* tivesse apenas o sentido superficial que vem à cabeça em seu uso mais comum (que já é raro que baste hoje), eu provavelmente não a teria escolhido para descrever o estilo de luta de Muhammad Ali. Mas *graça* ou *gracioso* podem ser mais que simples palavras decorativas para ressaltar o charme de um adolescente ou os movimentos de uma dançarina. Graça pertence àqueles conceitos que, quando examinados e pensados a fundo, revelam sacadas surpreendentes e uma complexidade insuspeitada. Em seu ensaio "Ueber das Marionettentheater" [Sobre o Teatro de Marionetes], escrito em 1810, Heinrich von Kleist, um dos maiores escritores da tradição literária alemã, desenvolveu uma compreensão de graça (a palavra alemã que ele usa é *Anmut*) que nos ajuda a analisar o fascínio que essa característica representa para todos os verdadeiros amantes do esporte.

O diálogo ficcional de Kleist começa com um famoso bailarino confessando o quanto sempre gostou de assistir às marionetes e como vê aqueles movimentos como modelo para sua própria performance. Essa declaração, com sua admiração implícita a uma forma popular de entretenimento, deve ter sido muito mais provocativa no mundo de Kleist do que seria hoje. Mas a grande força da provocação de Kleist, numa época em que o maior objetivo da literatura e da arte era expressar as reflexões mais íntimas do espírito, está nos motivos antiintuitivos que o bailarino dá para seu fascínio com os bonecos. Em vez de enfatizar as formas e os movimentos que as marionetes têm em comum com o corpo humano, o bailarino as elogia por pertencerem "ao universo das artes mecânicas". A graça, Kleist nos faz entender, é o produto de um distanciamento do corpo e de seus movimentos em relação à consciência, à subjetividade e à sua expressão. A graciosidade dos bonecos está na incapacidade de pensar sobre si mesmos, e portanto de ficar envergonhados ou envaidecidos. A graça inverte todo o conhecimento tradicional sobre a relação entre o corpo humano e a mente humana. Ela permite às marionetes, como conta com tanto entusiasmo o bailarino de Kleist, ter "a alma no cotovelo" e tocar o chão com uma leveza que escapa às leis da gravidade. A graça, como objeto de uma experiência estética, faz-nos lembrar que às vezes somos incapazes — felizmente incapazes, devo acrescentar — de associar os movimentos do corpo que vemos às intenções ou pensamentos daqueles que os executam.

Essa impressão complexa e desumanizadora foi o que tornou tão incomparavelmente belas as performances de Jesse Owens e Wilma Rudolph, os dois maiores velocistas do século XX. Seus corpos e pernas, em vez de seguir as instruções do cérebro, pareciam estar sendo comandados por uma força maior — ou talvez por alguma fórmula matemática. Embora as pernas de Rudolph fossem estranhamente longas, em nenhum momento seus movimentos pareceram grotescos ou anormais. Diferentemente de suas concorrentes na olimpíada de 1960, que estavam concentradas na linha de chegada das provas de cem e duzentos metros rasos e no revezamento quatro por quatrocentos metros, Rudolph parecia surpresa quando a linha de chegada se aproximava, como se fosse difícil, quase desagradável, diminuir o ritmo da passada. Na olimpíada de 1936, Owens, apesar do sorriso encantador, parece estar quase pedindo desculpas por ter quebrado o recorde mundial do salto em distância sem a técnica adequada — ele parece envergonhado simplesmente por ser tão superior.

A maioria das provas de atletismo, através de sua estrutura e de suas regras, é planejada para produzir e recompensar a graça tanto nos treinos quanto, com maior intensidade, nos momentos de competição. Pense nas competições de lançamento de disco, de dardo, de martelo e no arremesso de peso — ou nos vários tipos de corrida, dos cem metros rasos à maratona. Entre os esportes de inverno, considere o deslizar ritmado dos patinadores de velocidade sobre o gelo, como se em câmera lenta (um prazer tão especial que espero, pelo menos uma vez, poder assistir a uma prova inteira de patinação de velocidade ao vivo), ou imagine a suavidade da alta velocidade nos movimentos dos esquiadores de descida de montanha, enquanto eles percorrem os trajetos perigosos. O desafio, em cada um dos casos, é ir cada vez mais longe, mais rápido ou mais alto numa seqüência específica de movimentos do corpo (correr, pular, lançar) realizados e moldados por restrições detalhadas. Ao executar esses movimentos inúmeras vezes, os atletas programam seus corpos de forma que o conhecimento passe do cérebro para os nervos e os músculos dos braços e das pernas ("a alma no cotovelo") — e graças às pesquisas recentes na ciência cognitiva essa está se tornando uma descrição empírica, e não apenas uma metáfora. A performance dos atletas realmente pode melhorar na mesma proporção de seu distanciamento da consciência e do universo das intenções.

Talvez a falta de competição direta, cara a cara, em muitas provas de atletismo explique por que, com pouquíssimas exceções, essas competições nunca atraem grandes multidões, e por que aqueles espectadores que as acompanham com paixão são na maioria das vezes eles mesmos atletas. Para esse grupo seleto de fãs, a graça que seus heróis demonstram pode representar o retorno dos corpos humanos a um estado de natureza, redimido de sua dependência do cérebro e da razão para sobreviver. Talvez os nadadores avancem ainda mais além, personificando a fantasia da imersão total num elemento do mundo natural. E, mesmo com todo o equipamento sofisticado necessário para jogar golfe, um belo *swing*, aquele movimento de tacada, tem sua dose de graça, o que mais que qualquer outra coisa pode ser o responsável pelo fascínio viciador desse esporte. Encontrar e perder seu *swing* ideal não é uma coisa que os golfistas consigam controlar plenamente, como deixa bem claro a carreira do fenomenal Tiger Woods. Até mesmo o avanço de um barco a remo ou o deslizar majestoso de um veleiro pode demonstrar graça em seu sentido mais elementar — o que apenas confirma que a graça está menos exclusivamente ligada a algum esporte específico que a maioria dos outros fascínios esportivos.

A graça e a violência muitas vezes caminham juntas. Os movimentos de Muhammad Ali não teriam perdido nada de sua graça se ele tivesse sido um boxeador mais agressivo. Teófilo Stevenson, o cubano que foi tricampeão olímpico dos pesos-pesados nos jogos de 1972, 1976 e 1980, foi o único pugilista que poderia ter se igualado à elegância de Ali, e era provavelmente superior a ele na potência dos golpes, embora por razões políticas óbvias eles nunca tenham se enfrentado no ringue. Apesar dos corpos que mais se parecem com os de lutadores de sumô (pelo menos nas divisões superiores), também consigo encontrar graça nos momentos decisivos das provas de levantamento de peso, em que a concentração, a incrível potência muscular e a quantidade igualmente incrível de quilos de ferro criam um momento em que é ou vai ou racha. Ser capaz de reunir esses elementos numa harmonia tão transitória é o que faz um verdadeiro campeão de levantamento de peso.

Um esporte especialmente belo, que junta a graça com a violência, é a arte marcial japonesa do *kendo*. Os atletas do *kendo* usam vestimentas (não me atreveria a chamá-las de uniforme) de aparência arcaica para os ocidentais, e usam uma espada de madeira que é manejada com ambas as mãos. No sentido estrito, o *kendo* não é violento, porque a arma não deve tocar a arma do adversário, muito menos o corpo, com exceção de situações rigidamente definidas. Provavelmente seja essa regra (uma regra que permite infinitas interpretações, com base na noção zen-budista de manter espaços entre as coisas, através dos quais a energia possa emergir) que dê aos movimentos ágeis dos ataques do *kendo* — os avanços e recuos súbitos dos atletas — uma rapidez tão cativante, leve e vigorosa como um salto. Tivesse conhecido o *kendo*, certamente Heinrich von Kleist o teria aprovado.

INSTRUMENTOS

Desde a Antiguidade grega e romana, competições que envolvem cavalos atraem a atenção de grandes multidões. Embora não haja uma linhagem genealógica ligando as corridas de carruagem de Olímpia e do Circus Maximus à Nascar e à Fórmula 1 de hoje, é plausível imaginar que tais eventos eram funcionalmente equivalentes em seus respectivos contextos históricos — contestando, talvez, nossa idéia de descontinuidade na história do esporte. As competições eqüestres também põem em dúvida uma outra pressuposição que fizemos sobre o esporte: que ele só surge a partir de movimentos específicos do corpo humano. O automobilismo, um dos esportes mais populares e financeiramente bem-sucedidos da atualidade, traz consigo o mesmo problema de definição. Diferentemente de simulações de jogos de computador, essas provas exigem um envolvimento pronunciado do corpo humano com um acessório ou instrumento, mas a relação do corpo com um carro ou com um cavalo é diferente de sua relação com um disco, uma luva de beisebol ou um par de esquis. Animais e máquinas não são somente objetos cujo manejo demonstra a força e a habilidade do corpo que os maneja. O fascínio dos esportes que envolvem animais e máquinas baseia-se na sensação de que esses elementos não-humanos de alguma forma fundem-se com o corpo humano. O relacionamento simbiótico entre o ser humano e o instrumento é o quarto fascínio esportivo que quero explorar.

Podemos encarar "instrumentos" como cavalos e carros como extensões ou complexificações do corpo humano num sentido duplo. Em primeiro lugar, eles tornam possível superar os limites de um desempenho exclusivamente humano, ao, por exemplo, multiplicar a velocidade máxima à qual um corpo pode se mover no espaço. O segundo aspecto é mais difícil de descrever, mas está relacionado ao desafio específico que essa fusão representa para os atletas, e ajuda a explicar por que algumas performances são superiores a outras. Mais que enfatizar a capacidade dos instrumentos de aumentar os recursos humanos, esse segundo aspecto enfatiza a capacidade do ser humano de adaptar seu corpo à forma, aos movimentos ou ao funcionamento do instrumento. Trata-se da mecânica da interface que conecta corpos e instrumentos. O sucesso depende de um paradoxo inerente: quanto mais um atleta consegue adaptar seu corpo com perfeição à forma e aos movimentos de um cavalo ou de um carro, melhor ele os controla, e mais potencializa a eficácia de seu corpo.

Não é preciso ser um cavaleiro para saber que um jóquei que usa constantemente o chicote não vai, no final, ganhar tantas corridas quanto um jóquei que deixa o movimento de seu próprio corpo ser carregado e moldado pelo galope do cavalo. Nos segundos finais de um páreo disputado, o corpo do jóquei, na horizontal sobre o pescoço do cavalo, parece ficar cada vez mais longo, conforme se adapta ao ritmo do cavalo. Essa é a forma dinâmica pela qual os aficionados lembram-se de grandes cavalos e seus jóqueis: Eddie Arcaro com Citation, por exemplo, ou Red Pollar com Seabiscuit (o tom estranhamente prosaico do nome de muitos cavalos de corrida famosos seria um fenômeno poético interessante para análise). Nas provas de adestramento, a união entre cavalo e cavaleiro e a harmonia que eles adquirem juntos compõem o cerne da própria performance — é o que é julgado para saber quem ganha e quem perde. Com seis medalhas de ouro e duas de bronze em olimpíadas, além de vários títulos de campeonatos mundiais nos anos 1970 e 1980, dr. Reiner Klimke e seu cavalo Ahlerich não foram apenas dois dos grandes protagonistas desse esporte em todos os tempos, mas também conquistaram uma admiração específica por sua compreensão mútua irretocável (compreensão, aqui, como uma metáfora para um tipo de harmonia que não se baseia em conceitos).

"Acerto" é o termo equivalente usado nos esportes em que o corpo humano está associado a uma máquina. Dependendo do formato da pista, da competição, das condições do tempo e da equipe de mecânicos, os pilotos dedicam vários dias a acertar a sintonia dos carros para potencializar seus pontos fortes e neutralizar os fracos, de acordo com as circunstâncias. Uma pista cheia de curvas requer um tipo de acerto distinto de uma pista de retas longas. Pilotos realmente importantes, como Tazio Nuvolari e Juan Manuel Fangio, Jochen Rindt e Niki Lauda, Ayrton Senna e Michael Schumacher fazem uma diferença decisiva no acerto, unindo seu conhecimento mecânico a uma intuição cuja base está em seus corpos. Os pilotos de ponta também precisam se destacar em vários outros indicadores de desempenho que o automobilismo tem em comum com outros esportes. Eles precisam ser capazes de ficar perdidos, por horas, na intensidade da concentração. Precisam manter a tranqüilidade apesar da constante ameaça de morte — uma tensão que só se dissipa quando cruzam a linha de chegada. E, por fim, precisam ter uma resistência física fenomenal. Esses desafios provavelmente são responsáveis pelas enormes multidões que as provas de Fórmula 1 e da Nascar atraem — embora ofereçam a cada espectador, como eventos ao vivo, apenas fragmentos da competição. Estar na presença da grandeza, para os espectadores de uma corrida automobilística, significa capturar por alguns míseros segundos a silhueta centauresca do piloto quando ele passa a toda velocidade várias vezes durante a tarde. Essa silhueta perde seu fascínio conforme a velocidade diminui.

É uma questão interessante especular se as competições de tiro, em geral, pertencem a essa categoria de "instrumentos". As armas de fogo são diferentes de um dardo ou de um disco? Acho que sim. Porque, em vez de tornarem óbvia a força do corpo, as armas de fogo permitem a esse corpo aperfeiçoar determinado objetivo — o de atingir um alvo. Mas podemos dizer também que as armas de fogo fundem-se ao corpo humano como sem dúvida fazem os cavalos ou os carros de corrida? Quem pratica tiro certamente mantém um relacionamento quase pessoal com a arma. Eles contam longas histórias sobre como seus corpos acostumaram-se ao formato de determinadas armas. A evidência mais forte para sustentar essas histórias está, provavelmente, nos atletas do biatlo de inverno, que, depois de longos quilômetros de uma corrida de esqui de fundo, têm de encontrar um ritmo calmo de respiração para dar início aos exercícios de tiro.

De forma mais visível que a maioria dos outros esportes, essas performances híbridas de seres humanos e seus animais ou máquinas têm suas origens na vida cotidiana. E, embora isso torne mais fácil que alguns proprietários de automóveis sintam-se colegas de Michael Schumacher, a existência do distanciamento entre a direção do dia-a-dia e a de um carro de corrida é positiva não apenas por motivos práticos (os estrangeiros costumam reclamar do estilo Fórmula 1 adotado pelos motoristas nas estradas alemãs), mas também por motivos estéticos. O provérbio alemão "toda a felicidade do mundo está no lombo dos cavalos" provavelmente não reflete nenhuma experiência concreta; mas o que ele evoca é a fantasia de ser o cavaleiro perfeito, o primeiro e único cavaleiro de um cavalo perfeito, numa sincronia fluida com os ritmos da natureza. O fascínio dos hipódromos e dos autódromos está nessa fusão de corpos humanos extraordinários com forças animais ou mecânicas superiores.

FORMAS

Em esportes como a patinação artística, saltos com esqui, ginástica e saltos ornamentais, o comportamento dos juízes é um show à parte, e de péssima qualidade. Longe de ser respeitados pela maioria dos espectadores e dos atletas, os juízes mal são tolerados, sendo encarados como um mal necessário nessas competições. Uma razão prática para o baixo conceito que eles têm é a ausência de critérios objetivos para determinar o vencedor, e a chance, portanto, da influência da parcialidade. Os fãs da ginástica ou da patinação artística freqüentemente acreditam que os juízes estão sendo escandalosamente nacionalistas ou pelo menos parciais — ou talvez tenham sido alvo de suborno — quando dão notas baixas para os atletas favoritos da torcida. Essa ameaça de parcialidade é inerente ao papel do juiz, e portanto é difícil imaginar como seria possível aperfeiçoar o sistema de forma sensata.

Um motivo mais interessante para o descontentamento com os juízes é o fato de eles interferirem na capacidade dos grandes atletas de fazer coisas novas e interessantes acontecerem no esporte. Conseguir o impossível, chegar lá, ficar em estado de graça — essas expressões captam nosso desejo de ver performances esportivas livres do peso de restrições e controles. Alguma coisa acontece aos corpos nos grandes momentos do esporte, algo para o qual os corpos não foram feitos. Deixar essas coisas acontecerem é incompatível com o ato de julgar, cujo objetivo é designar mérito (ou falta dele) à capacidade do atleta de executar com perfeição uma forma predeterminada. Há saída para esse dilema? Acho que não, já que competir e vencer fazem parte dessas modalidades. E sem esses componentes tais eventos já não seriam esportes.

Pode-se torcer, é claro, para que os juízes desenvolvam uma consciência maior do papel do gosto (em oposição a critérios estáveis e mensuráveis) na história do esporte, e que fiquem mais flexíveis no ato de julgar. Isso já aconteceu no salto com esquis, em que um novo estilo, mais dinâmico, passou a predominar. A figura ideal que o corpo de um atleta deve assumir quando executa o salto tornou-se mais fluida. A patinação artística no gelo, porém, e alguns dos aparelhos da ginástica parecem ter sofrido os prejuízos da ambição dos juízes em manter um padrão obsoleto de beleza emprestado do balé clássico. Apesar do gosto ultrapassado de pelo menos alguns juízes, o que vem mantendo o público tão interessado na patinação artística, no salto com esqui, nos saltos ornamentais e na ginástica é a disposição que atletas verdadeiramente excepcionais têm de rejeitar esses critérios explicitamente estéticos em sua modalidade e assumir o risco de alcançar o que nenhuma norma tenha predefinido. Mas, antes de dizermos como esses atletas excepcionais lidam com o problema dos juízes, temos de explicar, com mais precisão, em que consiste o fascínio desses esportes.

O fascínio da patinação artística pode ser descrito como o desafio de ajustar um corpo, num momento específico e num limite de tempo predeterminado, a uma seqüência de figuras complexas e predefinidas. Impressionar os juízes significa acima de tudo corresponder às expectativas deles de que certas figuras serão executadas com precisão. Por outro lado, superar os limites do esporte significa ir em busca de níveis maiores de complexidade das figuras envolvidas. Isso é o que os maiores entre os grandes ginastas, mergulhadores, esquiadores de salto e patinadores vêm fazendo, em vez de simplesmente adaptar seus corpos, com uma perfeição infinita, aos critérios embolorados do gosto dos juízes.

Os ginastas japoneses, entre eles o inesquecível Takashi Ono, revolucionaram seu esporte nos anos 1950 e 1960 com séries cujas figuras eram belas e surpreendentes, ao mesmo tempo que ousadas. Esses ginastas estabeleceram portanto uma distância respeitável em relação à tradição opressora do *Turnen*, que enfatizava valores mais militarescos de simetria e controle do corpo dentro de um cânone bastante estável de figuras. Mas a mudança mais incisiva na história da ginástica foi o surgimento, na olimpíada de Montreal, em 1976, da romena Nadia Comaneci, de catorze anos. Ela mudou para sempre a ginástica artística feminina, num momento em que o estilo desenvolvido pela equipe soviética, sob influência do balé clássico russo, parecia ter se transformado na norma internacional incontestável. Comaneci não apenas encantou juízes e espectadores com uma graça que talvez apenas adolescentes sejam capazes de personificar, mas suas séries eram objetivamente mais complexas, e ela as apresentou com mais velocidade e mais vigor atlético que qualquer outra ginasta. Ao devolver o valor de *agon* a seu esporte (embora muito provavelmente sem pensar em teoria estética ou em precedentes gregos), Nadia Comaneci inventou e personificou um novo ideal de beleza na ginástica, de uma complexidade impressionante, que cativou espectadores do mundo todo.

Na década seguinte, o norte-americano Greg Louganis foi o protagonista de uma mudança semelhante nas provas de saltos ornamentais. À primeira vista, Louganis parecia em desvantagem: seu corpo era mais musculoso e certamente mais pesado que os de seus concorrentes chineses, o que tornou mais difícil para ele adaptar-se às figuras predeterminadas dos mergulhos mais desafiadores. Mas, nos momentos decisivos de sua carreira, Louganis assumiu riscos maiores que os outros saltadores, em termos de complexidade, inovação e ousadia (pelos quais ele às vezes pagou com derrotas e lesões, sendo que uma dessas lesões ficou famosa, pois o levou a anunciar publicamente que estava infectado com o vírus HIV). Graças à sua ousadia ambiciosa, Louganis conseguia às vezes executar saltos de tirar o fôlego, que faziam o público declará-lo vencedor mesmo antes de os juízes anunciarem suas notas. Nas olimpíadas de 1988 — onde, competindo com atletas que tinham metade de sua idade, ele se transformou no primeiro saltador a ganhar duas medalhas de ouro em duas olimpíadas seguidas —, a performance de Louganis foi um momento sublime. Como bem poucos atletas na história do esporte moderno, ele deu aos fãs a certeza de que estavam diante da grandeza.

JOGADAS

Há quase um século, os esportes com bola fascinam multidões mais numerosas em todo o mundo que qualquer outro tipo de competição. Sua popularidade é verdadeiramente um fenômeno global. As preferências regionais variam, é claro — o rúgbi compete com o futebol no Hemisfério Sul; os Estados Unidos, o Caribe, o Japão e a Coréia são a terra prometida do beisebol; e o críquete é acompanhado com paixão nos países que pertenceram ao Império Britânico —, mas não existe nem um único país, que eu saiba, onde o esporte predominante em termos de público não seja um jogo com bola. Os historiadores já deram explicações plausíveis para a maioria das preferências regionais, mas algumas variações continuam um enigma, e por isso mesmo ainda mais interessantes. Uma das minhas perguntas sem resposta favoritas sobre o esporte é por que o rúgbi, dominado por equipes da África do Sul, da Austrália e da Nova Zelândia, estabeleceu-se de forma tão sólida no Hemisfério Sul.

Por outro lado, como sugeriu nossa breve sondagem sobre a história do esporte, o fascínio pelos jogos com bola apresenta características histórica e geograficamente específicas. Nas primeiras décadas do século XX, pela primeira vez, a popularidade de assistir a esportes com bola atingiu níveis tsunâmicos. Talvez essas décadas guardem em si a resposta para a questão de por que os esportes em geral assumiram tamanha importância nos últimos 120 anos — e talvez elas possam nos ajudar a entender que forças maiores movem as emoções humanas hoje na direção da performance atlética. Embora essas grandes questões sejam muito tentadoras, prefiro voltar minha atenção novamente para as experiências e as tendências de minha própria geração, a do *baby boom*.

Assim como tanta gente da minha idade, sinto um impulso quase irresistível de canonizar a época de meados do século XX como os melhores anos da história dos esportes com bola. Ou, para falar de forma mais cautelosa, embora eu pressuponha que os times mais fortes da atualidade derrotariam os melhores times daquele grande passado em qualquer tipo de disputa imaginária, é provável que bem poucos torcedores de hoje em dia digam que o esporte com bola de que eles mais gostam está em seu auge — como, por exemplo, os fãs do boxe ou das corridas de fundo diziam nos anos 1920. A era de ouro do beisebol, sem nenhuma dúvida, foi o segundo quarto do século XX, quando Babe Ruth, Lou Gehrig e o jovem Joe DiMaggio jogavam pelo melhor time de beisebol de todos os tempos, o New York Yankees. O legado daquele período, ainda mais que os orçamentos recordes da equipe, é o principal motivo pelo qual os Yankees ainda têm um status tão excepcional atualmente.

No futebol americano, meu candidato para time mais inovador e mais bem-sucedido da história é o San Francisco 49ers dos anos 1980, quando Joe Montana, Jerry Rice e Roger Craig dominavam os gramados. Para o basquete e o hóquei, o final da era de ouro pode estar mais próximo de nosso tempo, marcada pelas aposentadorias de Michael Jordan e Wayne Gretzky. De forma mais evidente que em qualquer outro esporte com bola, a quase mítica era de ouro do futebol foi a época entre os anos 1950 e o início dos anos 1980, marcada pelo auge da carreira de Edson Arantes do Nascimento, o Pelé. Sua carreira foi praticamente contemporânea às de Mané Garrincha, Alfredo di Stefano, Ferenc Puskas, Gianni Rivera, Sandro Mazzola, além das do suave Eusébio, de Lisboa, do impecável George Best, de Manchester, do rebelde holandês Johann Cruyff, do "imperador" da Bavária Franz Beckenbauer e do explosivo Diego Maradona.

Aquelas décadas também tiveram como destaque a seleção da Hungria, que ficou invicta por muito tempo e perdeu tragicamente a final da Copa do Mundo de 1954 para uma Alemanha medíocre, nunca mais conseguindo se recuperar do choque e da humilhação; o Real Madrid, cujas vitórias fizeram o título de campeão da Europa ser tão cobiçado quanto o de campeão da Copa; e a seleção brasileira, que ganhou o primeiro de seus cinco títulos de Mundial em 1958, contra a Suécia, em Estocolmo, por 5 a 2, tendo como estrela ascendente o jovem Pelé, de dezessete anos. A confissão que estou prestes a fazer pode ser de mau gosto (a verdade pode ser bem brega às vezes), mas os nomes dos cinco jogadores ofensivos da seleção brasileira de 1958 ainda me soam como uma linda letra de samba: Garrincha, Didi, Vavá, Pelé, Zagallo. (Para vocês que não têm como se lembrar daquele tempo como se fosse ontem, houve uma época em que havia exclusivamente cinco jogadores ofensivos no futebol.)

Chega de nostalgia. Talvez a razão de termos hoje menos admiração pelos grandes jogadores e equipes atuais seja o simples fato de eles serem tão numerosos. Pode ser um paradoxo: uma variedade tão grande de atletas talentosos torna difícil até para os melhores entre eles brilhar tanto quanto os grandes jogadores do passado. Mas ao mesmo tempo em que proponho esse argumento, francamente não acredito nele. No futebol, apesar de toda a falação sobre novos estilos, novas estratégias e maior eficiência de jogo, os jogadores mais admirados e quem sabe até mais bem-sucedidos continuam sendo os que nos fazem lembrar dos melhores atletas da era de ouro do esporte. A seleção brasileira e as dezenas de jogadores brasileiros que atuam nos principais campeonatos do mundo dominaram os gramados nas últimas duas décadas de modo mais ostensivo que qualquer outro grupo de atletas na história do futebol, embora eles raramente correspondam às expectativas abstratas, pragmáticas e "modernas" dos treinadores e dos comentaristas dos campeonatos profissionais europeus. O artístico e nem sempre tão eficiente Ronaldinho Gaúcho (que foi considerado melhor jogador do mundo em 2004 e 2005) é um atleta mais admirável que o atacante e goleador Ronaldo, do Real Madrid. Zinedine Zidane, talvez o maior jogador da última década, não era o atleta mais rápido de sua equipe, nem marcava tantos gols quanto Ronaldo. Mas a elegância de seus movimentos e de seus passos era deliciosa.

O que gostamos nos grandes momentos de uma partida não é apenas o gol, o *touchdown* do futebol americano, o *home run* ou a enterrada. É a bela jogada que toma forma antes do tento. Sabemos intuitivamente o que é essa forma. O sociólogo e filósofo Niklas Luhmann definiu a forma como a união paradoxal da diferença entre a auto-referência e a referência externa. Isso significa somente que forma é qualquer fenômeno com a capacidade de se apresentar a nossos sentidos e a nossa experiência numa clara distinção em relação àquilo que não faz parte dela.

Mas uma jogada bonita é mais que apenas uma forma — é uma epifania da forma. Uma jogada bonita é produzida pela convergência súbita e surpreendente dos corpos de vários atletas no tempo e no espaço. As jogadas bonitas são sempre surpreendentes, por dois motivos. Mesmo que a forma específica seja o que os especialistas chamam de jogada ensaiada — pensada com antecedência e praticada inúmeras vezes —, ela será nova e surpreendente para o espectador médio que não está familiarizado com o arsenal de estratégias da equipe. Mas, mais que isso, as jogadas que surgem em tempo real na partida são surpreendentes até para os treinadores e para os jogadores que as executam, porque precisam ser realizadas contra a resistência imprevisível da defesa do outro time. Enquanto o time que está com a bola tenta criar uma jogada e evitar o caos, a equipe adversária, em posição defensiva, tenta destruir a forma emergente e precipitar o caos. (Pode-se dizer que o ataque personifica o princípio da neguentropia, enquanto a linha defensiva personifica o princípio da entropia.)

Além de complexa, personificada e surpreendente, uma jogada bonita é também uma forma temporalizada. Isso significa que a jogada começa a desaparecer desde o momento em que começa a surgir. Assim que o *quarterback* lança a bola na direção do receptor, sabendo por intuição, no momento de soltar a bola, onde o receptor estará um ou dois segundos depois, a jogada, incluindo todos os trajetos complexos que vários jogadores têm de percorrer para torná-la possível, começa a desaparecer. Nenhuma fotografia congelada jamais será capaz de captar a beleza dessa realidade temporalizada. E são poucas as experiências que fazem meu coração bater mais rápido que uma jogada bonita. Dependendo de ter sido meu time ou o adversário que a produziu, ficarei profundamente feliz ou profundamente triste quando ela desaparecer. Mas analisando retrospectivamente, depois de horas, dias ou anos, muitas vezes me dou conta de que até mesmo a jogada bonita executada pelo time adversário se transformou numa lembrança agradável.

As regras dos diferentes esportes disputados com bola permitem a realização de uma variedade enorme de jogadas, que poderiam ser interminavelmente analisadas e descritas. Vou me limitar a alguns dos princípios mais óbvios e elementares. Jogos que permitem aos jogadores pegar a bola com a mão e que assim tornam mais previsíveis as jogadas da equipe que está com a bola (como o basquete, o futebol americano ou o rúgbi) têm a tendência de desenvolver repertórios elaborados de jogadas ensaiadas que os treinadores executam como que se em batalhas de jogo de xadrez com os estrategistas do outro lado. Jogos como o futebol ou o hóquei, por outro lado, com seu pequeno nível de controle sobre a bola ou o disco, têm uma previsibilidade menor e baseiam-se mais na intuição e na iniciativa de cada jogador. Além disso, jogos com um alto nível de controle sobre a bola tendem a permitir ações mais agressivas da defesa, e os que têm menos controle sobre a bola permitem menos. O beisebol é um caso extremo do segundo exemplo. Já se disse que nenhum movimento, em nenhum tipo de esporte, exige mais técnica — ou é mais perigoso — que usar um taco para rebater uma bola pequena e dura que vem na sua direção a uma velocidade de quase 150 quilômetros por hora. Isso explica por que o rebatedor tem a permissão de se concentrar em seu golpe sem ter de se preocupar com a interferência de jogadores da defesa.

É interessante notar que essa equação entre o grau de controle da bola e a intensidade da agressividade da defesa inverteu-se em alguns esportes. No basquete, por exemplo, apesar do grande nível de controle da bola, os jogadores da defesa não podem fazer contato físico. Esse fato, junto com a superfície relativamente pequena da quadra de basquete, leva a placares elevados, a um ritmo rápido e a um sabor mais artístico para o jogo — e acima de tudo àqueles instantes fascinantes em que os jogadores da quadra de repente param de se mexer, como se numa imagem congelada. O hóquei, pelo contrário, permite jogadas defensivas com grande impacto sobre o corpo, apesar do fato de ser extremamente difícil controlar o disco que desliza sobre o gelo. Esses dois fatores mantêm o placar relativamente baixo, mas permitem um alto nível de imprevisibilidade, incluindo viradas freqüentes ou contra-ataques surpreendentes.

Estarão os jogos com bola atingindo os limites do desempenho humano hoje, como já aconteceu com esportes como o fisiculturismo, a ginástica, a patinação artística, os saltos ornamentais e tantas modalidades de atletismo? Para todos os fins práticos, a resposta é não, embora a coordenação entre mão e olho e o poder da rebatida do beisebol possam ser exceções. Os torcedores sempre vão especular que seus ídolos poderiam ter jogado um pouco melhor, ter lançado um pouco mais rápido, ter saltado um pouco mais alto, e certamente ter convertido uma porcentagem maior de lances livres do que o fazem. A questão real é, então, se um nível ainda mais elevado de performance física (e talvez também de complexidade estratégica) não acabaria sendo esteticamente contraproducente, pelo menos para alguns esportes com bola. Se, contra a opinião da maioria dos técnicos e especialistas, tenho razão ao dizer que marcar pontos ou gols e ganhar não é só o que fascina os fãs, não poderia ser verdade que alguns jogos, nas últimas décadas, vêm ultrapassando uma linha perigosa de otimização, em que a eficiência começa a se voltar contra o apreço estético?

Embora nenhuma equipe africana jamais tenha chegado nem perto de ganhar a Copa do Mundo de futebol, muitos torcedores, como eu mesmo, gostariam que o futebol africano, com seu ar ultrapassado, se estabelecesse como o futebol do futuro. Uma nostalgia semelhante aplica-se ao futebol americano e ao beisebol profissionais nos Estados Unidos. Em sua busca pela vantagem estratégica e pelo preparo físico, esses esportes tão populares podem estar perdendo um pouco do fascínio que cativou gerações inteiras de torcedores. Não é por acaso que a NHL vem tendo problemas com as regras de impedimento que reforçam a eficiência da defesa em detrimento da performance ofensiva, a principal responsável pelos momentos de beleza no gelo. Talvez a nostalgia deste torcedor já velho pelo que ele chama de a era de ouro dos esportes coletivos acabe revelando ter alguma base em fatos empíricos.

Já falei bastante sobre jogadas bonitas. Mas qual seria a aparência de uma jogada feia no esporte? Quando diríamos que uma jogada não foi bonita? Essas perguntas foram feitas pelo meu amigo Toshi Hayashi já no fim de uma discussão em Kyoto — uma das poucas grandes cidades do mundo que não tem nenhuma equipe esportiva predominante. Uma resposta fácil é óbvia: costumamos chamar de feias as jogadas desleais. Mas essa, em termos estritos, não é bem uma resposta, porque jogadas desleais interrompem o jogo e portanto não fazem parte dele. A observação mais importante, facilitada pela pergunta de Hayashi, é que a estética do esporte não parece oferecer conceitos negativos. Podemos chamar alguns efeitos do fisiculturismo de feios, e podemos usar essa palavra para um salto numa competição de patinação ou para um movimento da ginástica que fracassa grotescamente na tentativa de reproduzir uma figura. Mas, até num caso assim, seria bastante incomum usar a palavra “feio”. Em geral, e para os esportes mais populares, sentimos apenas uma ausência — a falta de jogadas emocionantes nos jogos com bola, a falta de dramaticidade no boxe, a falta de graça no atletismo. Quando uma jogada nasce, num jogo com bola, somos cativados pelo que vemos. Mas, quando esses momentos não aparecem, não chamamos essa ausência de feia.

TIMING

Todo mundo sabe que o tempo é importantíssimo em vários eventos esportivos. Muitos recordes são registrados e expressos em medidas temporais, e muitos momentos essenciais dos esportes coletivos são intensificados pelo tempo que resta nos diversos relógios. Por exemplo, o tempo complementar do futebol, os chamados descontos, adquiriu recentemente uma aura homérica, pelo menos nos jogos decisivos, porque durante os escassos minutos dos descontos há uma probabilidade maior de ocorrência de gols decisivos. Mas a cronometragem não parece ser a abordagem correta para a discussão do tempo como fonte de fascínio no esporte, porque ela nos mantém numa dimensão puramente quantitativa. Um tópico mais promissor é o fenômeno do *timing* — a capacidade de fazer os movimentos certos na hora certa.

Provavelmente o melhor jeito de explicar esse *timing* é apelando à própria experiência dos atletas. Os atletas sabem que nos momentos decisivos de uma competição o fluxo do tempo parece ficar suspenso — ou pelo menos ficar muito dilatado. É esse o significado das expressões que alguns atletas às vezes usam para descrever uma experiência especificamente relacionada a uma dimensão temporal, o termo em inglês "*to be in the zone*", ou estar "na zona". Leia como um destacado jogador de futebol americano universitário a descreveu:

> Quando um jogador entra nessa "zona", aparece um estado de hipersensibilidade e tensão. Isso explica minha aparente facilidade na corrida para a área. Não é que eu não esteja me esforçando tanto quanto os outros jogadores em campo. É só que, nesse estado de hipersensibilidade, as coisas se movem muito mais devagar que para o resto dos jogadores. Meus sentidos estão muito mais atentos ao que está acontecendo à minha volta e isso faz com que todos os meus impulsos reajam um pouco mais rápido que os dos outros jogadores, fazendo que eu pareça mais fluido.

Embora o *running back* — jogador que recebe a bola e parte para a corrida — J. R. Lemon, do Stanford, a quem eu devo esse belo parágrafo, não evite termos relacionados ao tempo, ele claramente está falando sobre uma transformação decisiva daquilo a que costumamos nos referir quando falamos sobre o tempo no esporte. Ele se concentra numa metáfora espacial ("a zona") para evocar a boa condição de seu senso de *timing*. Assim que entra na zona, ele já não percebe quão rápido está correndo. Não se sente pressionado. Movimentos que pareciam difíceis antes de ele estar "na zona" tornam-se fáceis, silenciosos e naturais. Paradoxalmente, é a retirada da pressão temporal que permite um bom *timing* — para encontrar o momento certo que corresponda a cada movimento do corpo num determinado contexto espacial.

Uma vez que esteja "na zona" e veja o jogo como se em câmera lenta, um *running back* como Lemon conseguirá localizar espaços na linha defensiva do time adversário e acreditará que vai ter (e realmente vai ter) tempo suficiente para passar por esses espaços enquanto eles ainda estiverem abertos. Essa descrição também se aplica ao *timing* dos grandes jogadores de tênis, que se aproveitam de qualquer movimento inadequado do adversário. Ou aos fundistas, que encontram o momento certo para uma arrancada intermediária quando os concorrentes não estão preparados para a mudança de ritmo. Um bom *timing* — um fenômeno temporal que é essencial para todos os esportes, não apenas os regulamentados pelo cronômetro — é a fusão perfeita entre a percepção do espaço e o início do movimento. Esse *timing* é a capacidade intuitiva de colocar o corpo num espaço específico no momento exato em que ele precisa estar lá. É uma habilidade, aliás, que até certo ponto pode ser adquirida pela prática.

Se o *timing* é crucial para a apreciação do esporte pelos fãs, isso implica que, em muitos casos, a violência — ou mais precisamente a violência em potencial — torna-se um componente central de nossa apreciação estética do esporte. A violência é o ato de ocupar espaços, ou impedir sua ocupação por outros, através da resistência do corpo. O *timing* e a violência são inseparáveis porque o *timing*, pelo menos nos jogos com bola, pressupõe que um lugar específico do campo é o único lugar onde o atleta tem de estar, com seu corpo, num determinado momento. Dependendo das regras específicas do jogo, o jogador estará no lugar certo por dois motivos: ou porque o local em questão não estará ocupado (coberto) pelo corpo de outro jogador naquele momento ou exatamente porque o corpo de outro jogador *vai* ocupá-lo.

O *timing*, portanto, tem sempre a ver com a violência, seja para evitá-la ou para produzi-la. Nos esportes de contato como o hóquei, o rúgbi e o futebol americano (e, pelas costas do árbitro, também no futebol e no basquete), um atleta quer estar em determinado lugar em determinado momento porque isso significa que ele pode atingir o corpo de um jogador adversário. Na melhor das hipóteses, esse fato produz a forma de violência que os espectadores de alguns desses esportes apreciam e consideram uma jogada limpa. Numa jogada limpa, o corpo de um atleta tem impacto sobre o corpo de outro no lugar certo, no momento certo, e com um efeito imediato. O objetivo de seu adversário, por outro lado, pode ser conseguir uma abertura na marcação, ocupar um espaço estrategicamente importante que deveria estar coberto por um jogador do outro time mas não está.

Fazer um desarme limpo e conseguir uma abertura na marcação são versões opostas da mesma forma. Ambas são resultado do *timing*, e serão percebidas como formas mesmo no ambiente mais movimentado. Encarando-se do ponto de vista do *timing*, é difícil negar a beleza de um golpe limpo — mesmo entre aqueles que, por motivos morais, não gostem desse uso do conceito da beleza. Só que eu nunca defendi que gostar de esportes — ou apreciar a beleza em geral — tenha alguma coisa a ver com crescimento moral.

Retomando os sete fascínios desta tipologia do esporte e a descrição histórica que a precedeu, é fácil imaginar um livro inteiro que se dedicasse à distribuição histórica desses fascínios (e de outros) como um capítulo complexo da história cultural. Este não é o lugar adequado para uma exploração tão elaborada, mas quero ressaltar algumas das observações mais interessantes sobre essa questão. Considerando a descontinuidade que observamos na história dos esportes, é notável que um gênero de evento esportivo tenha mantido um fascínio constante através dos milênios. São os esportes que fundem o corpo humano a um animal ou a uma máquina, e assim aumentam as possibilidades do desempenho do corpo. Em segundo lugar, encontramos pelo menos dois casos claros em que um fascínio voltou depois de milhares de anos. O fisiculturismo talvez jamais tenha sido tão popular quanto é hoje, com exceção dos séculos da Antiguidade grega. Essa retomada é ainda mais interessante porque inclui uma similaridade nas formas e implicações de comportamento que cercam o ambiente atlético. Outro fascínio que está voltando em nossos tempos é a tranqüilidade na presença da morte. Ele era parte integrante dos concursos de gladiadores em Roma, e voltou a se tornar popular com o boxe e com todo tipo de esporte de resistência durante os anos 1920. Mas o maior desafio intelectual é compreender a emergência relativamente recente dos jogos com bola como o principal fascínio esportivo de nossos tempos — um fascínio de uma importância tão existencial para muitos de nós que não conseguimos nem imaginar como seria nosso mundo sem ele.

4. Gratidão

Você já viu fotos deste tipo nos jornais, e se você se interessa por esporte de alguma maneira, deve tê-las apreciado com emoções muito ambivalentes. São fotos que mostram um ex-atleta famoso, na casa dos trinta e poucos anos, ainda forte e com um ar concentrado, como se estivesse prestes a dar uma rebatida ou converter um lance livre decisivo. Mas as mãos talentosas estão vazias, enquanto o atleta espera, no tribunal, para ouvir a sentença. Parte de sua reação é de raiva e incredulidade. Como pôde esse herói ter jogado fora sua reputação e seu futuro pelo vício nas drogas? Como pôde ter se transformado num marido violento ou num pai negligente quando a vida o tratara tão bem, abençoando-o com um talento atlético único, um sorriso encantador e a admiração de um número enorme de fãs? Como pôde um homem que assinou tantos contratos multimilionários em dez anos de carreira profissional ter chegado a esse ponto? O rosto do herói decaído parece atento, mas você desconfia que ele não compreende melhor que você o que aconteceu. Fica com a impressão de que a cabeça dele não está ali no tribunal, onde sua vida uma vez gloriosa desceu a um nível tão baixo. Estaria ele pensando naquela noite de outono em que ganhou quase sozinho a World Series? No tempo em que ele era o queridinho do país inteiro, quando os anunciantes de TV teriam pago uma fortuna por uma entrevista de dois minutos, quando seus pais, mulher e filhos tinham tanto orgulho de pertencer a sua família? Essas são as perguntas mais amenas despertadas por aquela foto implacável no jornal.

Em tons mais fortes, você se lembra daquele momento inesquecível em que o agora réu, num movimento com todo o corpo, com intensidade e energia incomparáveis, atingiu uma bola curva que o lançador adversário havia jogado contra ele, com uma habilidade admirável e com a intenção mais agressiva possível. Conforme a bola de beisebol sobe cada vez mais alto em sua lembrança, sobrevoando a luva do jogador responsável pela defesa, e saindo do estádio, você começa a perceber, com uma ambivalência moral perturbadora, que não consegue desprezar de verdade o dano que ele causou a si mesmo e àqueles que o amavam, incluindo os fãs. O que você deseja ardentemente é o contrário da justiça: se pudesse, você pagaria uma fortuna só para lhe dar uma última chance. Na foto austera de um criminoso incomum, você só consegue enxergar o gênio a quem se sente tão ligado.

É um dilema emocional que só um entusiasta dos esportes pode sentir. Você é o espectador, e às vezes a vida o obriga a ver não só o maravilhoso, mas também o desperdício.

ASSISTIR

Perder-se na intensidade da concentração — a fórmula cunhada pelo campeão olímpico de natação Pablo Morales — é algo que antecede, acompanha e segue os eventos de performance esportiva. É sua precondição, sua realidade e seu resultado. É um estado que descreve tanto atletas quanto espectadores, e portanto nos ajuda a entender uma convergência básica (e freqüentemente negligenciada) que ocorre apesar da diferença no tipo de investimento corporal por parte dos atletas e dos espectadores. Assim que começamos a tentar distinguir modalidades mais específicas de experiência para espectadores e atletas, porém, surge uma assimetria básica. No que diz respeito aos atletas, esportes diferentes geram formas diferentes da experiência de perder-se na intensidade da concentração. E embora possamos igualmente identificar várias formas de assistir e de participar impostas pelos esportes aos espectadores, quero ressaltar apenas dois modos elementares de participação do público que podem ser encontrados em todos os esportes, é claro que com afinidades maiores ou menores. Chamo-os de *análise* e *comunhão*.

Imagine um jogo de hóquei profissional. Todos os jogadores, com exceção dos goleiros, entram e saem do jogo em turnos que raramente duram mais que dois ou três minutos. Desde que o banco de penalidades esteja vazio, há sempre doze atletas no gelo, e cerca de uma dúzia de jogadores de cada equipe está no banco de reservas, assistindo à partida. Os jogadores que estão assistindo tentam coletar o máximo de informações sobre a estratégia, os pontos fortes e os pontos fracos do time adversário. Seu modo de assistir, durante esse período, é predominantemente analítico e, como eles sempre voltam para o gelo para mais uma participação, a separação entre esses espectadores analíticos e os jogadores que perseguem o disco é bastante permeável.

Agora, volte sua atenção para a multidão que está assistindo ao mesmo jogo de hóquei. Tendemos a pensar nesses espectadores como uma torcida barulhenta, emotiva, às vezes entusiasmada, que acompanha o desenrolar da partida. Acima de tudo, porém, pensamos na multidão como uma torcida que tem um foco bem pouco analítico. O que os torcedores parecem gostar mais no rinque de hóquei é o fato de estar em comunhão com outros torcedores fanáticos. Não são analíticos como o é um jogador prestes a entrar no rinque, e a separação entre jogadores e esses torcedores não é permeável, pelo menos não à primeira vista. Os alambrados que antigamente isolavam muitos campos de futebol na Europa e no Reino Unido podem ser encarados como uma materialização dessa diferença. Como torcedor, confesso que não há um único esporte, por mais modestas que sejam suas exigências físicas, no qual eu possa sonhar em participar ativamente. Assim como tantos outros espectadores na multidão, permaneço a uma distância física e categórica em relação àqueles que estão competindo.

O comportamento dos espectadores como eu é portanto semelhante, sob alguns aspectos, ao investimento de uma pessoa que aposta num cavalo, nas condições climáticas do dia seguinte ou no resultado de um jogo de futebol. O apostador tem alguma coisa em jogo, mas não tem influência sobre o resultado do evento em questão, e tudo o que pode fazer é torcer para que o resultado recompense e multiplique seu investimento. Embora a torcida possa não ter valores financeiros em jogo num evento esportivo, esses espectadores investiram sua emoção. Assumiram o risco de se decepcionar, e até mesmo de se deprimir, em troca da chance de presenciar um desempenho dramático. Apesar de as pessoas que investem dinheiro no mercado de "futuros" não estarem costumeiramente interessadas em acompanhar os detalhes das flutuações de preço — elas só querem saber, no fim das contas, se ganharam ou perderam a aposta —, o investimento emocional dos espectadores de um evento esportivo gruda-os às arquibancadas do estádio ou às poltronas diante da TV, porque cada segundo de ação contém em si um pagamento em potencial, na forma de intensidade.

Os espectadores esportivos de uma torcida querem que seu time ganhe, mas não consideram seu investimento emocional ou de tempo inteiramente perdidos desde que o jogo seja emocionante. O que mais decepciona a torcida, mais que perder, é a chatice — a falta de ação e de empenho. Nada é pior que assistir a um jogo em que nenhum dos dois times quer ganhar. Alguns jogos de meio da temporada, em que os astros se preocupam em evitar situações que possam causar uma lesão, podem ser chatíssimos de assistir (e provavelmente de disputar).

Consideremos ou não as touradas espanholas um esporte (e há vários argumentos para defender ambas as posições), elas ilustram impressionantemente bem a existência da emoção do público independentemente da vitória ou da derrota. Não há dúvida sobre como a tourada vai terminar. O animal será morto. A qualidade do evento sustenta-se, portanto, apenas na beleza violenta do drama que o touro e o toureiro representam juntos, e é medida pela emoção, pela *alegría*, que produz na multidão. Nos melhores momentos de uma tourada, uma banda que toca o *paso doble* ecoará a emoção intensa e fluida do público — como se para sincronizar a sensatez aristocrática com a intensidade primitiva da morte ritualizada. Nada pode estar tão afastado da ansiedade coletiva com a vitória ou a derrota num jogo de hóquei quanto esse fascínio multifacetado do público.

Qualquer tipo de esporte pode gerar os dois tipos de espectadores — os de olhar analítico e os de investimento emocional. Mas cada esporte tem uma afinidade menos ou mais intensa com um ou outro modo de assistir. Por exemplo, sob circunstâncias normais, são poucos os espectadores de uma prova de natação (exceto talvez pela família dos atletas) que não foram eles mesmos nadadores ou técnicos de natação em algum momento da vida. Esses espectadores assistem às provas com um olhar analítico. E, embora nem todo admirador de corridas de Fórmula 1 seja um ex-piloto, a maioria deles é de homens (com algumas mulheres) que se orgulham de seu estilo esportivo de dirigir. Por outro lado, é difícil — e até deprimente — imaginar um jogo de basquete universitário que tenha nas arquibancadas apenas ex-jogadores e técnicos.

Estilos diferentes de comunhão desenvolveram-se entre os fãs de esportes diferentes em contextos culturais diferentes. Os únicos espectadores ainda mais tranqüilos que aqueles que assistem a um amistoso de críquete entre, digamos, as Antilhas e o Paquistão são aquelas alegres famílias americanas que passam dias e dias sentadas na grama assistindo às finais das ligas infantis de beisebol, dividindo sua atenção entre o jogo e a qualidade dos cachorros-quentes vendidos nas barraquinhas. Nos jogos do San Francisco Giants, minha mulher sempre tem o azar de sair para comprar comes e bebes bem na hora das jogadas mais decisivas, e mesmo assim continua uma torcedora fiel. No Japão, por outro lado, os torcedores de beisebol são tão entusiasmados e barulhentos quanto as torcidas norte-americanas de futebol universitário (dizem as más línguas que os japoneses copiaram o comportamento das torcidas desse esporte), ou quanto os torcedores do Liverpool, no Campeonato Inglês de Futebol, que, em uníssono, cantam "You'll never walk alone" para empurrar seus ídolos. E se por um lado a torcida do time de beisebol adversário pode provocá-lo educadamente caso você se sente do lado errado do estádio, por outro pode ser perigoso ficar no meio dos torcedores de futebol do Liverpool se você está torcendo para o Manchester United. Quem tem dinheiro para comprar um camarote num hotel chique de Las Vegas tem de usar smoking e gravata borboleta. Mas há outros eventos de boxe (e já estive em mais de um) em que eu teria me sentido bem-vestido demais só de usar um blazer esporte. Mesmo assim, apesar de toda essa variedade na sociabilidade do público esportivo, a alternativa básica entre acompanhar os eventos com um olhar analítico ou com um alto nível de investimento emocional continua válida.

Embora filósofos e poetas raramente tenham prestado atenção ao público dos esportes, eles acumularam, ao longo de décadas, um rico repertório de conceitos que se aplicam aos dois lados dessa distinção entre espectadores. Ocorre-me o ideal de espectador distanciado do dramaturgo Bertolt Brecht, um espectador que ficaria fumando (e que de vez em quando até trocaria opiniões com outros espectadores) enquanto acompanhasse, analisasse e por fim saísse com sacadas políticas ao assistir a uma peça do "teatro épico". Só se consegue captar o suposto mérito dessa descrição se ela for comparada a seu oposto, o tipo indesejável (para Brecht) de espectador, que ele associa à catarse e outras noções talvez mal-interpretadas tiradas da *Poética* de Aristóteles. Para Brecht, esse outro espectador, o aristotélico, personifica o que ele considerava o pecado capital contra a atenção intelectual, isto é, o desejo de se identificar com os heróis no palco.

Bem mais famosa e bem mais rica é a distinção de Friedrich Nietzsche entre a atitude apolínea e a dionisíaca. O espectador apolíneo é um tipo que, à distância, percebe e aprecia a beleza das formas individuais. Ele não é necessariamente analítico no sentido do espectador ideal de Brecht ou dos jogadores de hóquei que observam seus companheiros de time do banco, mas o espectador apolíneo claramente tem uma afinidade maior com o conceito de análise que com o conceito de comunhão. Os espectadores dionisíacos, por outro lado, tendem a abandonar totalmente a individualidade e o distanciamento e a entrar em comunhão tanto com os outros espectadores como com a energia que emerge da ação que estão acompanhando. Entre os dramaturgos gregos clássicos, Nietzsche rebaixou Eurípides por acreditar que suas tragédias não ajudavam a audiência a atingir esse estado de comunhão dionisíaca. Êxtase e embriaguez foram as palavras com as quais Nietzsche caracterizou sua concepção de público dionisíaco, e ele imaginou que a intensidade dessa participação, no final, levaria naturalmente a um sono de profunda felicidade.

Se fôssemos tratar dessas distinções polares em termos de melhor ou pior, adequado ou inadequado, intensidade maior ou menor, ficaríamos presos na perspectiva "crítica" sobre o esporte que quero evitar. E na verdade, os modos diferentes de acompanhar esportes são tão diferentes entre si que não é possível nem compará-los em termos qualitativos. Por exemplo, a intensidade que resulta de assistir ao tênis com um olhar analítico é bem diferente da vibração que toma conta dos torcedores quando seu time de futebol está prestes a ganhar um título nacional; mas nenhum modo é um modo mais elevado (ou menor) de assistir. Quando comparo minha própria distinção entre análise e comunhão com os dois tipos de Nietzsche, observo que meus conceitos, em vez de descrever duas formas excludentes de participação, marcam os dois extremos de um amplo espectro de possíveis atitudes do público. No meio desse espectro imagino um apreço desprendido a movimentos e formas, que é menos agudo que a análise e mais afastado dos atletas que as massas sedentas de comunhão.

Nas últimas décadas, o estilo dionisíaco revelou-se mais fascinante para filósofos e humanistas de outras disciplinas acadêmicas que o apolíneo — talvez porque esse modo de assistir tenha a reputação de rebeldia. O êxtase dionisíaco certamente não é a atitude para com o mundo que nossos pais e professores nos recomendaram. Com o pesadelo do fascismo ainda assombrando o Ocidente, nossos mentores tinham a expectativa de que nos tornássemos *indivíduos* racionais e analíticos — uma fórmula para a aprovação social e para o sucesso profissional em qualquer contexto imaginável. Fazer parte da multidão e perder o controle de nossas emoções e de nosso comportamento, pelo contrário, é aquilo contra o que somos advertidos desde a infância. Em conseqüência disso, muitos de nós esqueceram (ou jamais souberam) como pode ser prazeroso fazer parte da multidão. Sentimo-nos moralmente obrigados a associar o frenesi das multidões exclusivamente aos *hooligans* ou às torcidas organizadas que fazem das partidas de futebol lugares onde é fisicamente perigoso estar.

Mas para milhares de fãs do passado, fazer parte da multidão que assiste a um evento esportivo proporcionou a chance de uma imersão no universo da presença. Imagine as competições de gladiadores de Roma e as corridas de carruagem que aconteciam no Coliseu ou no Circus Maximus no século I d.C.; imagine as competições de boxe na Londres do século XVIII, que, num ambiente cultural que não era dado ao fascínio esportivo, conseguia reunir tantos milhares de espectadores. Aquelas multidões precederam as massas de torcedores que, depois da virada do século XX, começaram a lotar estádios monumentais para assistir a esportes coletivos — multidões que continuam crescendo.

Essencial à fenomenologia dessas multidões nos eventos esportivos é o grito em uníssono que as dezenas de milhares de espectadores são capazes de produzir. Ele não serve apenas para inspirar seus times; trata-se de um ponto físico de auto-referência pelo qual a multidão percebe a si mesma e transforma-se num corpo único. Nas últimas décadas, as multidões vêm demonstrando também a tendência de se tornar não apenas audíveis, mas também visíveis como corpo único — desde vestindo as cores de seu time e pintando seus rostos até participando da "ola" que às vezes percorre espontaneamente o estádio. Há um momento típico (e, para mim, favorito) no futebol americano universitário em que, antes de uma jogada decisiva, os atletas que estão fora do campo viram-se para a multidão e acenam com os braços para conclamar o apoio vocal da torcida. A explicação-padrão racional para esse gesto é que o barulho da torcida impossibilita a comunicação verbal entre os jogadores do outro time. Acredito, no entanto, que há algo de mais primitivo envolvido. Se o barulho da multidão dificulta a comunicação verbal do outro time, ele age numa dimensão interativa. Mas o que muitos jogadores e torcedores apreciam no barulho da torcida é um estado de espírito que absorve e transforma a individualidade em comunhão, no qual a interação da comunicação já não é mais necessária.

As multidões anseiam pelo momento em que sua energia física se conecta à dos jogadores e faz a energia deles aumentar. Porque, naquele momento, a separação entre a torcida e os jogadores parece desaparecer. Essa comunhão, longe de ser puramente espiritual, pode constituir uma realidade física. Pode ter até uma base biológica bem concreta, nos recentemente descobertos neurônios-espelho, que atuam no córtex pré-motor. Os neurônios-espelho são ativados não apenas quando a pessoa executa uma ação, mas também quando vê alguém a executando. Esses neurônios, ou outros como eles, podem acabar oferecendo uma fundamentação fisiológica para a empatia — a ligação emocional que faz com que a experiência vivida por outra pessoa pareça ter sido vivida por nós.

Qualquer que seja exatamente o comportamento da multidão, em termos físicos ou culturais, a emergência dessa energia dentro de nossos corpos e em volta deles, assim como na torcida como um todo, independe, em grande parte, da vitória ou da derrota. Não há dúvida de que as massas querem que sua energia ajude a levar seu time à vitória. Mas os mesmos torcedores fiéis permanecerão no estádio, ligados emocionalmente a seu time, até a amarga conclusão de uma derrota esmagadora — ou até depois de seu fim. Quando o Brasil perdeu a final da Copa de 1950, disputada em casa, para o minúsculo vizinho Uruguai, mais de 50 mil entre os 200 mil espectadores que tinham assistido ao jogo permaneceram a noite toda em vigília no Maracanã. As coleções de uniformes, faixas ou luvas que jogadores tenham usado durante um jogo são apenas um entre os muitos rituais que surgiram do desejo de união física.

Nas primeiras décadas do século XX, muitos dos então recém-construídos estádios também eram usados em comícios políticos e outros espetáculos de massa cuidadosamente coreografados. Mas temos evidências documentadas e motivos filosóficos para duvidar de que a participação nesse tipo de espetáculo produzisse o mesmo frenesi dos eventos esportivos. Não estou falando de multidões que se reúnem espontaneamente em momentos de tensão política e que freqüentemente explodem com violência e energia incontroláveis — o evento mais famoso desse tipo sendo a Queda da Bastilha, em 14 de julho de 1789. Refiro-me a comícios políticos ou a comemorações de dias festivos como o Primeiro de Maio ou o Quatro de Julho, em que o nível de energia costuma ser baixo, provavelmente porque todo mundo tem a mesma ideologia. Não há uma separação primordial a ser superada nessas coreografias políticas, nem discórdia ou divisão de opiniões capazes de energizar a multidão. Esses comícios são dóceis, enquanto o comportamento das torcidas de futebol muitas vezes é imprevisível, violento e perigoso.

Desde a Copa do Mundo de 1998, disputada na França, sabemos, por evidências confirmadas em pesquisas, que as explicações psicossociológicas tradicionais para as agressões dos torcedores não se sustentam. Os chamados *hooligans*, que causam tumultos e ameaçam tanto suas próprias vidas como as das pessoas que atacam em sua histeria, não são, pelo menos não na maioria, proletários reprimidos que estão descarregando suas frustrações. E às vezes não são nem necessariamente torcedores do time derrotado. São corpos coletivos num êxtase, unificados e embriagados por uma experiência comunal que foge de controle. Em grande parte, os integrantes dessas multidões descontroladas pertencem aos estratos sociais mais ricos e de maior escolaridade. E tenho de admitir que conheço a sensação. Nunca me senti totalmente sóbrio ao deixar o Stanford Stadium depois de um jogo de futebol americano, mesmo que nenhuma gota de álcool tenha sido consumida. Às vezes não quero, mas sei que preciso esfriar a cabeça antes de dirigir meu carro. É por isso que faço questão de estacionar a uma distância de dez a quinze minutos de caminhada em relação aos portões do estádio.

Mas não seria essa noção de comunhão uma descrição ultrapassada e horrivelmente romântica do ato de assistir a eventos esportivos? A realidade contemporânea é que a maioria dos torcedores acompanham seus times pela TV, com alguns amigos e familiares, e não no estádio junto com a multidão. Até no Brasil, dentre todos os lugares do mundo, o verbo para estar fisicamente presente a um evento esportivo, *assistir*, tornou-se também o verbo empregado para se referir ao ato de ver o evento pela televisão. Será que minha descrição dos modos de assistir, como análise ou comunhão, não deveria ser substituída por uma noção revisada em que esses dois modos fundam-se num "sistema de mídia" mais complexo? Já prevejo que essa objeção será feita pela área de estudos de mídia (que foi sensação acadêmica num passado bem recente), e admito logo de cara que os especialistas em mídia têm vários argumentos importantes. É verdade que a viabilidade econômica dos esportes profissionais depende hoje em grande parte da transmissão pela TV, não da venda de ingressos. Também é verdade que a tecnologia contemporânea e os hábitos que estão surgindo sob sua influência estão criando novas formas de assistir a esportes em tempo real. E, por fim, é verdade que os DVDs com intermináveis "grandes momentos" fazem tanto sucesso que estão tendo um impacto no estilo de jogo de vários esportes coletivos.

Por mais ingênuo e banal que isso possa soar, porém, acredito que o que determina o valor da cotação da ESPN na Nielsen ainda é a qualidade dos jogos disputados no estádio. Uma coleção de DVDs com as mais impressionantes enterradas de todos os tempos não seria capaz de atrair os espectadores se na imaginação eles não complementassem essas enterradas com imagens e narrativas de jogos reais de basquete. É claro que alguns esportes permitem uma fragmentação maior que outros (o basquete mais que o futebol, a patinação artística ainda mais que o basquete), para mim, no entanto, separar a bela jogada ou o salto executado com perfeição do contexto do evento competitivo não tem como não causar um certo desencanto.

Uma pergunta mais realista sobre o relacionamento entre o esporte e a tecnologia moderna das comunicações é como esta última modificou os hábitos dos espectadores — e a resposta não é nada surpreendente. Era inevitável que a experiência dos ouvintes de rádio e dos telespectadores avançasse na direção do extremo mais analítico do espectro. Os comentários dos locutores são a principal razão para essa mudança, já que eles cobrem e interpretam o jogo utilizando uma série de conceitos. Esses conceitos criam uma camada de significado que distancia os ouvintes e os telespectadores (ou talvez se trate de uma meia distância) da presença dos jogadores. A torcida dos estádios, pelo contrário, pode ser barulhenta ou silenciosa, mas em princípio não é permeada por atos de comunicação — embora nos estádios mais modernos telões enormes aproximem a experiência da multidão à da transmissão pela TV. Mais ainda que o comentário dos locutores, dispositivos eletrônicos como o *replay* e a câmera lenta geram uma impressão de análise. Uma transmissão ou um *replay* no telão do estádio podem dar aos torcedores a ilusão de que eles possuem as mesmas informações que o técnico está usando para analisar uma jogada que acabou de acontecer, e para repensar a estratégia de jogo.

Mas o que a transmissão abandona de vez e não é capaz de substituir é a co-presença física de espectadores e atletas como condição mais elementar para a comunhão. De maneira não muito diferente da dos técnicos, em sua concentração analítica, os espectadores diante da TV estão praticamente sozinhos enquanto assistem ao jogo — mesmo que estejam com familiares e amigos e tenham conseguido reproduzir parcialmente o clima do estádio na sala. Com a exceção de momentos especiais — principalmente quando seu time ganha um título mundial ou quando seu atleta favorito quebra um recorde mundial —, os espectadores que estão diante da TV não vão se unir e formar uma pequena multidão. Como sua realidade está na tela da TV, as jogadas do campo não se aproximam de seus corpos nem partem deles, e isso muda fundamentalmente a dinâmica da troca de energia.

Mas talvez eu não devesse me deixar empolgar tanto pela minha preferência pelo clima do estádio. Assistir a esportes pela TV e assistir a esportes no estádio são apenas duas formas de lazer diferentes e igualmente legítimas. São tão diferentes que os times profissionais e as empresas de mídia deixaram de temer que a transmissão ao vivo dos eventos possa reduzir o número de torcedores no estádio. Pelo contrário, assistir a esportes em casa, com uma atitude mais analítica, pode atrair o interesse de um público que não tenha um fascínio primário pelo esporte, e é certamente verdade que os torcedores verão e entenderão melhor o jogo na transmissão pela TV. Ir ao estádio de vez em quando pode, por sua vez, reforçar o desejo de acompanhar um time ou uma modalidade esportiva pela TV com maior regularidade.

Meu entusiasmo particular por estádios e ginásios é tão grande que se estende às edificações, mesmo nos dias e horas em que estão vazios. Por mais embaraçoso que seja admitir isso, meu coração sempre batia mais rápido quando, duas vezes por dia, eu passava de carro diante da grande e decadente estrutura do velho e querido Stanford Stadium. De algum modo, passei a amar seu estranho formato — um meio-termo entre um estádio ideal para a Grécia antiga e o isolamento de uma arena, sem porém ser tão fechado a ponto de fazer os espectadores sentirem-se uma massa compacta. Quando viajei para Madri e caminhei pela La Castellana, a avenida mais elegante da cidade, fiquei antecipando ansiosamente o momento em que enxergaria o monumental estádio Santiago Bernabeu, onde os vistosos times do Real Madrid dominaram o futebol internacional por mais de metade do século. Lembro-me da minha emoção, há mais de trinta anos, quando olhei pela primeira vez para a assimetria enigmática do antiqüíssimo estádio do Chelsea, em Londres, o Hammersmith Bridge, onde vi Peter Osgood, o famoso centro-avante do Chelsea, marcar um gol a 36 metros de distância com uma precisão estarrecedora, e onde hoje um bilionário russo comanda um experimento que pretende confirmar que verbas ilimitadas são capazes de produzir a grandeza atlética. Fico deprimido toda vez que leio no jornal sobre o projeto de abandonar "a casa erguida por Ruth" no Bronx e trocá-la por um Yankee Stadium mais moderno (embora ele não vá se chamar assim se venderem os direitos do nome). E fiquei portanto felicíssimo de saber que o Boston Red Sox decidiu não abandonar o Fenway Park, apesar do fato de que a estranha parede que os torcedores chamam de Monstro Verde manterá para sempre a capacidade do estádio problematicamente pequena. Mas nem o entusiasmo da torcida mais fiel de Fenway é páreo para os torcedores que se reúnem no Koshien Stadium, o fórum esportivo mais antigo da Ásia, construído em 1924 entre Osaka e Kobe. A torcida do Hanshin Tigers, um time com estatísticas até há bem pouco tempo ainda mais deprimentes que o histórico pré-2004 do Red Sox, faz uma festa tão grande durante todos os nove *innings* do jogo de beisebol que acaba diluindo e absorvendo, partida após partida, as lembranças frustrantes da última derrota do Tigers. Totalmente sozinho, passei um maravilhoso fim de tarde sentado na extremidade do pai de todos os estádios de Olímpia, exatamente no ponto onde os atletas gregos largavam e chegavam nas corridas disputadas há 2500 anos. E no bairro portuário de Buenos Aires, dei uma boa gorjeta para um guarda do La Bombonera, o estádio do Boca Juniors, para que ele me deixasse ficar por uma hora silenciosa e solitária naquelas famosas arquibancadas. Acima de tudo, porém, eu gostaria de voltar ao Maracanã todo ano, ao santuário do futebol brasileiro, ao lugar em que o Rei Pelé produziu sua mágica, como se para exorcizar a lembrança da derrota brasileira na final da Copa do Mundo de 1950.

Mas como é possível que os estádios vazios me atraiam tanto, se não são nada sem um evento esportivo para mexer com as emoções da multidão? Deixe-me postular mais uma pergunta paradoxal que vai nos aproximar da resposta. De um ponto de vista puramente econômico, por que alguns dos imóveis mais valorizados de uma cidade se dedicariam exclusivamente a eventos que acontecem no máximo duas vezes por semana, duram umas poucas horas e ainda seguem agendas sazonais? Mesmo que, numa moda deplorável (para mim), esses estádios ocasionalmente fiquem lotados de seguidores do reverendo Moon, esse tipo de renda não necessariamente melhora seu balanço financeiro. Como os times nem treinam nessas instalações, não seria mais sábio substituir essas edificações por arranha-céus que trariam muito mais resultados financeiros, e construir os novos estádios modernos na periferia urbana, onde as condições atmosféricas e de trânsito são muito mais favoráveis? Essa foi a conclusão a que muitos times chegaram há algumas décadas, mas hoje eles estão loucos para voltar para as regiões centrais das grandes cidades. Portanto, a pergunta é: o que é que os estádios vazios têm que não só fascina a mim, mas que faz com que os donos dos times e os governos municipais se disponham a manter essas estruturas quase sempre desertas a custos tão grandes?

Isso pode soar absurdo a princípio, mas suspeito que os estádios "representam" ou "tornam presente" aquela que Martin Heidegger uma vez identificou como a questão filosófica mais elementar: por que existe o ser e não antes o nada? Em vários níveis e em múltiplos contextos, os estádios materializam esse contraste ontológico definitivo, e nos tornam parte dele. Durante a semana, enquanto estão fechados e silenciosos, os grandes estádios são o único lugar, na efervescência da cidade, em que nada acontece. Mas em dia de jogo enchemos o estádio, lotando as arquibancadas com nossa empolgação, e dirigimos nossa atenção coletiva ao campo ainda vazio. Então, um pouco antes da hora do jogo, num momento único e emocionante, os atletas aparecem e "tomam o campo". Com o coração batendo rápido, ficamos de pé junto com os outros espectadores numa saudação barulhenta a nossos ídolos. Esse momento especial é reforçado pelos rituais complexos de abertura — nenhum talvez com uma textura mais exuberante que os do futebol americano universitário.

Ou então imagine os nervosos acertos de última hora que precedem a largada de um páreo, ou o tablado estático que espera o juiz jogar o disco ao gelo para a primeira disputa de uma partida de hóquei; ou o momento em que uma patinadora, já parada na pose da coreografia, espera a música começar. Aquilo que já se falou sobre a música, que os silêncios são tão importantes quanto os sons, também funciona para a imobilidade e o movimento nas performances esportivas. Nenhum esporte levou essa tensão a um nível maior que o futebol americano, com os vinte segundos que precedem cada jogada, quando dois times de onze atletas se alinham cara a cara e mantêm a posição como se numa imagem congelada. Ao conter a ação por esses segundos intermináveis, o jogo apresenta, na forma de um enorme alívio, o choque violento de corpos e as jogadas complexas que se encerram com a mesma rapidez com que são percebidas. O movimento mais minúsculo de um jogador da linha ofensiva ou defensiva pode reduzir a nada essas formas em desenvolvimento, se o árbitro considerá-lo impedimento. Como torcedores, tornamo-nos participantes dessa tensão primordial entre o algo e o nada — embora normalmente estejamos bem longe de compreender esse nosso papel. Instantes assim nos enchem de uma energia e de uma sensação triunfante de prazer que pode muito bem tornar-se viciante.

DESPERDÍCIO

Se por acaso você concordar comigo, com base em sua própria experiência como espectador (ou, se você não for um espectador, com base na generosidade de sua imaginação), na idéia de que acompanhar um evento esportivo e sentir-se ligado aos atletas e à multidão é algo capaz de proporcionar alguns dos momentos mais emocionantes e mais viciantes das nossas vidas, será que você acha que existe mais alguma coisa específica no ato de assistir a esportes que vá além desses momentos? Há alguma coisa que fique, que você possa levar para casa ou guardar depois que a intensidade do evento esportivo se esvai? Ao longo deste livro, insisti que considero ser digno o suficiente de elogio se esses momentos esportivos forem tão bons quanto só eles podem ser, e que eles não precisam de nenhum tipo de justificativa em palavras ou na moeda dos ganhos concretos. Mas uma coisa é estar convencido da posição que você defende, e outra coisa é ingenuamente esperar que os outros concordem. Assim, numa medida de encerramento meio que preventiva, pretendo tratar da objeção que antecipo — que assistir a esportes não passa de um hedonismo sem sentido — e reagir a ela com a serenidade daqueles que estão convictos de um valor que talvez nunca sejam capazes de explicar completamente para mais ninguém.

Para responder a essa pergunta, recuemos um minuto e perguntemos a mesma coisa sobre o resultado, para nossa vida cotidiana, de *praticar* esportes. Quando perguntamos por que é bom praticar esportes — deixando de lado por enquanto a resposta sobre prevenção de doenças —, o que provavelmente ouviremos, pelo menos no mundo dos esportes universitários anglo-americanos, é que ser um atleta "forma o caráter". Mas, por mais plausível que possa ser a ligação entre se expor aos rigores da prática atlética e, digamos, desenvolver bons hábitos de trabalho, o investimento e os sacrifícios exigidos são grandes demais e os resultados inespecíficos demais para fazer da prática esportiva com o objetivo de formar o caráter um bom negócio. E além disso, mesmo que isso funcionasse para os atletas, não funciona para os espectadores, cujos sacrifícios físicos são mínimos, se é que dá para chamá-los de sacrifícios.

Voltamos então a perguntar, mais uma vez, se existe alguma coisa além do puro e simples prazer que nós, espectadores, lucramos inadvertida e inconscientemente ao assistir a esportes. Uma resposta que quero explorar nestas considerações finais é a seguinte: de uma longa carreira assistindo a esportes, o que eu "ganhei" foi um forte, embora não muito bem definido, sentimento de gratidão para com os atletas que me proporcionaram momentos de intensidade tão especial. Minha gratidão pode ser descrita como "intransitiva" porque não sei exatamente pelo que, do lado dos atletas, eu deveria e poderia ser pessoalmente grato. Não há nenhuma dúvida de que meus atletas favoritos não atuaram especificamente para mim ou para qualquer outro espectador que eles não conhecessem. Eles seguiram seu próprio impulso de competir e buscar a excelência, e talvez com seus próprios motivos concretos. Então como posso explicar esse sentimento de gratidão para com os atletas? Pelo que sou agradecido?

Aí vai minha resposta sincera, embora seja apenas uma tentativa. Sob as condições atuais, numa cultura com uma consciência mais aguçada que qualquer outra do passado sobre os limites do desempenho humano, e que também possui métodos mais eficientes de usar esse conhecimento para atingir tais limites, assistir a esportes é uma forma de esperar aquilo que pode acontecer, mas nunca é garantido que aconteça, porque fica acima dos limites precalculados da performance humana. Deixar acontecer e ver acontecer, às vezes, aquilo que não temos o direito de esperar — esse pode muito bem ser o tipo de experiência para a qual nós, fãs, estamos abertos quando assistimos a esportes.

A cultura da Grécia antiga tinha uma forma (na época muito convincente) de explicar como aquilo que não deveria acontecer algumas vezes acontece. Para os gregos, os feitos surpreendentes aconteciam na presença dos deuses, por intervenção divina, e era por isso que os atletas gregos que conseguiam o inesperado e a grandeza surpreendente às vezes pareciam transfigurados em semideuses. Mas para aqueles que não acreditam na possibilidade de tal intervenção divina, celebrar os eventos esportivos como a ocorrência daquilo que supera nossas expectativas pode se transformar numa celebração de certa forma paradoxal dos limites do desempenho humano e talvez até numa celebração da aleatoriedade que às vezes supera esses limites. É uma celebração paradoxal porque, diferentemente de outros momentos desse tipo, celebrar a superação de um limite não implica que esse limite vá deixar de existir no futuro. Pelo contrário, celebrar a remoção de uma limitação acaba sendo uma reafirmação dela. E nós gostamos da aleatoriedade que torna essas exceções possíveis. Na Olimpíada ou num campeonato mundial há poucas alegrias maiores que testemunhar a vitória "impossível" de um atleta azarão ou de um time convidado que ninguém imaginava que pudesse ganhar, e que talvez jamais repita o desempenho na vida.

Essa idéia — de jamais repetir aquele desempenho na vida — nos leva a uma segunda explicação para meu sentimento de gratidão para com os atletas. Ser capaz de fazer o impossível acontecer pode ter conseqüências devastadoras (a palavra não é exagerada) para os atletas depois de sua aposentadoria. Por que os atletas de ponta têm tanta dificuldade para deixar seu esporte? Por que Michael Jordan, talvez o melhor jogador de basquete de todos os tempos, encerrou sua carreira e depois voltou não só uma vez, mas duas, a vestir o uniforme, ignorando o efeito negativo inevitável que isso teria sobre seu status de lenda e até sobre sua fortuna? Por que Mario Lemieux, um dos maiores jogadores de hóquei da história, não se aposentou mais cedo do Pittsburgh Penguins, antes que os fãs decepcionados fossem obrigados a comparar o Lemieux já em decadência com as lembranças de suas glórias do passado? Uma resposta é que a sociedade moderna não tem uma boa solução ou uma estratégia convincente para a existência dos grandes atletas depois que a carreira deles termina. A maioria dos atletas de fama mundial torna-se um inútil quando a carreira acaba. Quando uso a palavra inútil, estou me referindo não apenas aos casos infelizmente freqüentes mas sempre isolados de danos físicos irreversíveis, como o retratado de forma tão tocante em *Menina de ouro*, de Clint Eastwood. Estou falando de inutilidade sobretudo no sentido psicológico e cultural.

Surgiu uma grande variedade de autoproclamadas soluções para os atletas aposentados, mas nenhuma delas trata do problema principal, que é como fazer uma transição tranqüila entre ser um semideus e ser uma pessoa normal. A resposta de Jordan e Lemieux — tentar evitar a transição impossível adiando-a indefinidamente — não passa de uma morte em vida. Babe Ruth seguiu a mesma trilha. Depois que o New York Yankees, cuja fama ele criou praticamente sozinho, deixou implacavelmente claro em 1935 que não precisava mais dele, ele foi para o Boston Braves, mas sua performance não chegou a ser nem a sombra de seus tempos de glória. Ruth passou os últimos anos de sua vida esperando, dia após dia, pela oferta de algum time de beisebol para que fosse seu técnico, mas a ligação nunca veio. Mesmo os ex-atletas que viram treinadores — muitas vezes jogadores-treinadores, como Jordan e Lemieux — raramente se realizam em sua nova situação. Permanecer um pouco jogador num mundo que já dominaram no passado torna dolorosamente óbvio quão normais eles viraram, e como é impossível para eles transmitir o talento único que já não têm aos atletas menores que agora precisam orientar.

A solução mais limpa e mais exigente, a escolhida por Joe DiMaggio, cobra o preço contrário, o preço do desaparecimento. DiMaggio saiu completamente de vista depois do fim de sua carreira profissional. Ficou invisível, passou a vida afastado do mundo, escondido atrás de muros de empresários que administravam os bens remanescentes de sua vida pública.

Às vezes um atleta de projeção mundial torna-se muito respeitado em alguma outra área de atuação. Roger Bannister, o primeiro atleta a correr a distância de uma milha em menos de quatro minutos, tornou-se um neurologista de destaque. E Diana Nyad, que nos anos 1970 foi a maior nadadora de longa distância do mundo, embarcou numa carreira brilhante de comentários na televisão, no rádio e na imprensa escrita. Alguns ex-atletas não apenas conseguem preservar a fortuna que acumularam durante seus anos de atividade, mas até a aumentam, subindo vários degraus na hierarquia social durante o processo. George Foreman, depois de se aposentar como campeão dos pesos-pesados do boxe, tornou-se pastor e depois começou a ganhar milhões de dólares com seu George Foreman Grill.

Ted Williams, do Boston Red Sox, talvez o maior rebatedor de todos os tempos no beisebol, largou a carreira duas vezes para se alistar no Exército na Segunda Guerra Mundial e na Guerra da Coréia, nas quais se destacou como piloto. Mas os altos e baixos da vida desse herói de guerra americano depois do fim da carreira — seus divórcios e dramas familiares, seus fracassos como técnico de beisebol e suas estranhas doenças — permaneceram dolorosamente públicos até as bizarras circunstâncias que cercaram sua morte e a preservação criogênica de seu corpo, em 2002.

Franz Beckenbauer, sem dúvida nenhuma o maior e mais famoso jogador da história da Alemanha, atingiu um nível ainda maior de respeito quando, como técnico da seleção alemã, conquistou um vice-campeonato e um título mundial. Ele foi fundamental para que a Copa do Mundo de 2006 fosse realizada na Alemanha, e são poucos os políticos alemães que não se orgulhariam de ser amigos dele. Mesmo assim, Beckenbauer, que já foi um jogador de uma elegância nada compatível com a tradição alemã, é hoje apenas um multimilionário alemão comum, que assiste ao festival anual de ópera em Bayreuth (um dos eventos culturais mais exclusivos de seu país) com a mesma avidez e a mesma vaidade que qualquer outro *bourgeois* culto. Quando comparo essas "conquistas" com os jogos inesquecíveis que ele disputou no passado, não consigo, "mesmo sem querer", deixar de considerar suas realizações pós-aposentadoria bem pouco atraentes. Os planos mais fracassados de atividades para depois do fim da carreira, acredito, são exatamente aqueles que os jornalistas e os fãs consideram as "boas soluções".

Mas seria o estilo de vida mais filisteu de tantos astros aposentados do futebol europeu uma solução melhor? Nas décadas da glória do futebol, em meados do século XX, ex-jogadores importantes de futebol administravam tabacarias ou postos de gasolina, e em alguns casos mais eminentes um restaurante de beira de estrada ou um cinema. Hoje, seus sucessores viram representantes de venda e mais tarde talvez diretores regionais de marcas como Adidas, Puma ou Nike. Às vezes emprestam seus nomes para uma coluna na imprensa popular ou transformam-se em especialistas de TV sobre sua modalidade esportiva, sempre silenciosos demais ou, coitados, eloqüentes demais. Muitos torcedores gostam de ver seus ídolos nessas reencarnações, por achar reconfortante o fato de que os antigos semideuses viraram "gente como a gente". Eu, por minha parte, preferia ter mantido as lembranças do incomparavelmente ameaçador atacante Ferenc Puskas a uma boa distância da sua nova imagem, a de um sudorento e gordinho fabricante madrilenho de salsichão.

Algumas pessoas diriam que escolhas tão respeitáveis como essa da classe média são bastante encorajadoras, especialmente se analisadas em comparação com os inúmeros astros cujas vidas, em vários níveis de escândalo, simplesmente se arruinaram ou então acabaram cedo demais. Muitos desses atletas acabam ficando com a saúde dramaticamente deteriorada, sob a permanente suspeita de que a decadência física foi o preço dos anos de estresse sobre o corpo. Quando Babe Ruth fez sua última aparição no Yankee Stadium, durante a temporada de 1948, com a voz já falha devido ao câncer de garganta, todo mundo atribuiu a doença ao notório vício dos jogadores de beisebol de mascar tabaco.

Se a morte de Jesse Owens em decorrência de câncer de pulmão, em 1980, foi apenas o destino normal para um fumante, os 44 anos que lhe restaram depois de seus triunfos na olimpíada de 1936 foram marcados por uma longa série de fracassos. Esses fracassos eram ainda mais frustrantes porque, na maioria das fases de sua vida, houve alguns gestos públicos e bem-intencionados para ajudá-lo. Na esperança de lucrar quantias que hoje pareceriam patéticas em cima de seu sucesso olímpico, Owens perdeu seu status de amador e teve de declarar falência em 1939. No desespero para se sustentar, ele aceitou indiscriminadamente todo tipo de oferta que prometesse lucro financeiro. Apostou corrida com cavalos, apoiou o Partido Republicano em campanhas eleitorais, e sempre que lhe pediam (e pagavam) oferecia seu apoio a causas políticas da população afro-americana. Depois de ter sido perseguido e finalmente isento pelo FBI da acusação de ser comunista, no início dos anos 1950, Owens tornou-se enviado especial do presidente norte-americano às olimpíadas de 1956, em Melbourne. Lançou vários empreendimentos, e no começo da década de 1960 estava de novo falido. Nada disso impediu os Estados Unidos de enchê-lo de honrarias. Ele recebeu o título de doutor honorário da Universidade Estadual de Ohio, onde havia estudado, em 1972; a Medalha da Liberdade lhe foi entregue pelo presidente Gerald Ford em 1976; e o presidente Jimmy Carter nomeou-o Lenda Viva dos Estados Unidos em 1979. As conquistas "lendárias" de Owens eram um instrumento de promoção valioso demais para ser ignorado pelos políticos, mas quando não estava sob os holofotes sua vida pós-olímpica estava sempre afundada em algum tipo de problema.

A palavra "trágica" não é exagerada para descrever o destino de Muhammad Ali, que certamente tinha razão quando se autodenominou o maior boxeador de todos os tempos. O problema neurológico do qual ele sofre hoje é provavelmente uma conseqüência direta de sua carreira de pugilista. Alguns especialistas chegam a afirmar que sua lesão pode ser atribuída especificamente aos golpes que Ali recebeu nas três lutas épicas contra Joe Frazier nos anos 1970. Toda a literatura de tom edificante publicada sobre Ali desde sua aposentadoria dos ringues não é suficiente para convencer aqueles que o viram desafiar as autoridades dos Estados Unidos em sua juventude de que hoje ele leva uma vida feliz, sem conflitos. Para garantir uma existência pacífica para ele próprio e sua família, Ali parece estar constantemente sendo obrigado a fazer concessões. Na abertura dos pouco glamourosos jogos olímpicos de Atlanta, em 1996, quando Ali, com seus movimentos dolorosamente lentos e seu rosto inexpressivo, acendeu a pira olímpica, duas interpretações conflitantes me vieram à cabeça. A interpretação otimista era que nenhuma outra pessoa no mundo teria conseguido atrair, como Ali conseguiu, a atenção de bilhões de fãs para os problemas das pessoas portadoras de deficiências, e ensinar esses fãs que até mesmo pequenos movimentos realizados por um corpo deficiente podem ser uma incrível conquista atlética. Mas o que ninguém se atreveu a dizer explicitamente foi que Ali provavelmente não tivera escolha. O homem cuja potência física havia encantado gerações e gerações de espectadores pagava agora o preço de sua grandeza não apenas por viver num corpo que por causa do esporte deixara de funcionar, mas também por concordar — provavelmente por sentir que tinha que concordar, pelo bem da segurança de sua família — em fazer uma apresentação de seu corpo debilitado para o mundo inteiro, como no passado havia apresentado seu corpo de jovem.

O racismo que o jovem Ali estava tão determinado a combater — e que realmente combateu, assumindo grandes riscos pessoais e com um sucesso admirável — foi a ruína de outros atletas. Jim Thorpe, filho de um irlandês com uma índia americana, ganhou o pentatlo e o decatlo nos jogos olímpicos de Estocolmo em 1912, e diz a lenda que o rei sueco o cumprimentou por ser "o maior atleta da Terra". Menos de um ano depois, o comitê olímpico americano denunciou Thorpe por ter feito o que tantos outros atletas olímpicos brancos haviam feito sem ser punidos: ter aceitado uma pequena quantia em dinheiro para jogar beisebol. Ele foi obrigado a devolver suas medalhas olímpicas, e se tornou alcoólatra pelo resto da vida, alternando-se entre o recolhimento e o submundo urbano do entretenimento barato. A biografia de Thorpe terminou com uma nota grotesca: em 1953, sua viúva vendeu o seu cadáver a um vilarejo da Pensilvânia (onde ele nunca tinha morado) para que os restos mortais fossem enterrados lá e a cidade pudesse ser rebatizada com o nome do grande atleta.

Mais típicas ainda que essas histórias de vitimização são as vidas de ex-atletas de renome mundial que sucumbiram a seus próprios impulsos autodestrutivos. Vivemos hoje na presença de centenas deles, e às vezes temos a chance de ler sobre seus destinos. Mike Tyson, ex-campeão mundial dos pesos-pesados, é um caso especialmente famoso. Hoje já na meia-idade, e muito mal-assessorado, o Mike Tyson cujas explosões de violência eram tão agradáveis de assistir na distância proporcionada pela TV nos anos 1980 dificilmente conseguirá pagar os milhões de dólares que deve, porque ninguém está mais interessado em vê-lo perder de novo. Da mesma forma, Darryl Strawberry, um dos jogadores de beisebol mais talentosos da geração que começa a se aposentar, talvez nunca consiga se ver livre do rodamoinho formado pelas liberdades provisórias, pela dependência das drogas, pelos tratamentos contra o câncer e pelas dívidas terríveis que parecem afogá-lo.

Diego Maradona, o atacante mais explosivo que já vi atuar, conseguiu se afastar do vício da cocaína e hoje apresenta um programa de TV na Argentina, mas sua transição tumultuada para uma existência não-heróica quase o matou. Gerd Müller, que se aposentou em 1982 depois de uma carreira na qual marcou mais gols improváveis pela Alemanha Ocidental que qualquer outro jogador, dificilmente conseguirá voltar a ter uma vida independente. Um sério problema com o álcool deixou sua vida em ruínas, e ele talvez não tivesse sobrevivido sem a misericórdia de seus ex-companheiros de equipe, que hoje ganham milhões dirigindo o Bayern de Munique, o time a que Müller deu eminência européia.

O destino de Werner Kohlmeyer foi parecido. O zagueiro, que tirou um gol em cima da linha no último minuto da final em que a Alemanha conquistou sua primeira Copa do Mundo, em 1954, era freqüentemente alvo das piadas dos companheiros de equipe. O capitão Fritz Walter conta em sua autobiografia que, no vôo de volta do primeiro jogo da história disputado pela Alemanha na União Soviética, ele e outros jogadores conseguiram enfiar na mala de Kohlmeyer todos os porquinhos-da-índia que o time tinha ganhado de presente de seus anfitriões comunistas. Infelizmente, o jogo em Moscou seria um dos últimos de Kohlmeyer na seleção. Poucos meses depois, ele foi derrotado por seus problemas com o álcool; mas, ao contrário de Müller, recusou as ofertas de ajuda de seus ex-companheiros e treinadores. Aos cinqüenta anos de idade e funcionário de um jornal local, onde trabalhava como manobrista, Kohlmeyer morreu do coração em 1974, pouco antes de a Alemanha conquistar a Copa do Mundo pela segunda vez.

A vida de Kohlmeyer é para mim a versão alemã e mais modesta da vida miserável de Manuel dos Santos, o Mané Garrincha, que atuou nas equipes que ganharam as primeiras duas Copas para o Brasil, em 1958 e 1962, e que foi simplesmente o maior ponta-direita de todos os tempos. Ele nasceu na pequena cidade de Pau Grande, no interior do Rio de Janeiro, com as duas pernas tortas: a esquerda arqueada para fora e a direita para dentro. Garrincha, o apelido, referia-se a seu hábito de matar um passarinho com esse nome — mas também carregava a conotação de ingenuidade. Nada o deixava mais orgulhoso que exibir seu fusca em Pau Grande, o que indica quão escandalosamente mal pago ele era, mesmo pelos padrões brasileiros do final dos anos 1950.

O repertório futebolístico de Garrincha consistia em apenas um truque, rápido e não muito complexo. Ele deixava o corpo ir para um lado e de repente passava com a bola pelo outro, enganando todos os grandes zagueiros de sua era. Eles conheciam o drible de Garrincha, assim como todos os espectadores de futebol de cada país do mundo, mas era impossível detê-lo. Garrincha ficou tão obcecado em driblar seus adversários tantas e tantas vezes que com freqüência se esquecia de passar a bola ou de chutar na hora certa. Aos trinta anos já era alcoólatra, e jogou por uma série interminável de clubes em toda a América do Sul, às vezes apenas uma partida, para logo em seguida ser negociado de novo porque estava bêbado. Assim como Kohlmeyer, que poderia muito bem ter sido o responsável por marcar Garrincha se o Brasil tivesse enfrentado a Alemanha naquela época, ele morreu na miséria aos cinqüenta anos, de parada cardíaca causada pelo consumo de álcool.

O astro da seleção uruguaia de futebol que ganhou a medalha de ouro nas olimpíadas de 1924 em Paris e de 1928 em Amsterdam, e que depois triunfou na Copa do Mundo de Montevidéu, em 1930, era José Leandro Andrade. Basta ir a qualquer página da internet que liste os vinte maiores jogadores de futebol de todos os tempos e o nome de José Leandro Andrade estará entre eles. Embora isso nunca seja mencionado explicitamente (porque o futebol gosta de se apresentar como se estivesse isento da história), Andrade, mais que qualquer outro jogador das primeiras décadas do século XX, colocou o futebol no mapa dos esportes internacionais. As poucas fotos dele — a maioria em retratos coletivos da poderosa seleção uruguaia — o mostram como o único jogador negro, um pouco mais alto que a maior parte de seus companheiros (sabemos que ele tinha mais que 1,83m, o que era excepcional para os padrões do futebol, e na verdade para qualquer padrão, naquela época). Usava sempre joelheiras nas duas pernas, seu corpo era perfeito e, ao contrário da maioria dos outros jogadores, jamais sorria. Andrade tinha um ar sério e confiante naquelas fotografias.

A maioria dos documentos remanescentes sobre sua carreira futebolística refere-se aos jogos olímpicos de 1924 em Paris, onde, graças aos jogadores uruguaios que bateram a Suíça por 3 a 0 na final, o futebol virou a maior atração, provavelmente pela primeira vez na história, de um evento esportivo internacional de grande expressão. Ninguém fascinou mais os espectadores do Stade Colombes que José Leandro Andrade, como descreveu, com orgulho, o jornal *El Día*, de Montevidéu, num artigo de 11 de junho: "Leandro é o 'herói', o bardo, o 'homem das pernas inacreditáveis', o 'fantástico'. Você acha, caro leitor, que quem fala dele nesses termos está exagerando? Se acha, está simplesmente equivocado. Andrade inspira com merecimento todas essas expressões. É impossível escrever ou falar sobre ele sem que palavras hiperbólicas como essas saltem da caneta".

Depois da chegada de sua equipe à Europa, poucas semanas antes da abertura da olimpíada, e durante uma excursão com várias partidas contra clubes da primeira divisão espanhola, todos em sua equipe estavam ou empolgados ou com inveja das inúmeras cartas de amor e investidas amorosas recebidas por Andrade. Aqueles foram os anos em que não só os intelectuais da Europa descobriram a beleza e a graça africanas. Andrade também dançava tangos argentinos e uruguaios suficientemente bem para dar credibilidade aos boatos de que tinha recebido propostas para se apresentar nos palcos dos cabarés de Paris.

E como era o futebol de Andrade? A resposta realista é que não sabemos — e provavelmente jamais saberemos. Existem algumas imagens da final da olimpíada de 1924, mas elas não dão uma idéia muito boa do estilo dele. Todas as descrições por escrito do futebol de Andrade costumam ser entusiasmadas e genéricas demais para ter alguma utilidade para nossa imaginação. A imagem que fazemos de Andrade como atleta faz lembrar a imagem que fazemos da origem do universo: ainda conseguimos detectar ondas da explosão de tanto tempo atrás, mas, se olhamos para o espaço e tentamos voltar no tempo, o evento em si sempre está fora do alcance de nossa visão. Do mesmo jeito, temos vestígios da energia atlética sensacional que emanava da performance de Andrade, mas não temos o que possamos chamar de uma lembrança visual. E tudo o que restou de seu modo de jogar são as ondas já apagadas de admiração hiperbólica e de desejo intenso, junto com alguns fatos isolados. Sabemos que Andrade jogava na meia, numa posição semelhante à de Zidane e Ronaldinho (que tem uma certa semelhança física com Andrade). Assim como os bons meio-campistas da atualidade, Andrade também tinha algumas funções defensivas. Como é típico da posição, ele só fazia gols de vez em quando, mas todas as testemunhas oculares ficavam encantadas com sua elegância e com a leveza de seus movimentos. Andrade ficou famoso por jamais comemorar gols no campo e por quase nunca treinar com o time. Freqüentemente ele nem aparecia na hora do jogo, o que pode explicar por que só participou de cerca de metade das partidas disputadas pela sua seleção entre 1923 e 1930.

Quase tudo o mais que se sabe sobre a vida de Andrade passou a fazer parte de sua mitologia. Ele nasceu em Salto, uma pequena cidade do norte do Uruguai, perto da fronteira com o Brasil, em 1º de outubro de 1901. Sua mãe era argentina. José Ignacio Andrade, cujo nome aparece como testemunha na certidão de nascimento, mas que devia ser seu pai, tinha 98 anos de idade quando Leandro nasceu; tinha provavelmente chegado ao Brasil como escravo em sua juventude, vindo da África Ocidental, e depois fugira de uma fazenda no sul do Brasil. O pai ganhava a vida como especialista em rituais de magia africana, especialmente trabalhos de amor.

Não se sabe exatamente quando o filho se mudou de Salto para Montevidéu e quando começou a jogar futebol por dinheiro, mais ou menos clandestinamente. Dizem os boatos que ele também era gigolô no bairro portuário da cidade. Em 1923, porém, ele fazia parte da seleção uruguaia que venceu um campeonato sul-americano. Depois de permanecer vários meses em Paris após a grande vitória olímpica de 1924, Andrade foi em 1925 para o Nacional de Montevidéu, que é ainda hoje (junto com o Peñarol) um dos dois maiores times do Uruguai, e fez uma outra excursão pela Europa. Foi durante essa excursão, em Bruxelas, em maio de 1925, que ele recebeu o diagnóstico de sífilis. Andrade voltou para Montevidéu antes de seus companheiros, e tão logo chegou ao porto de Montevidéu, em 22 de julho, em meio aos boatos sobre seus problemas de saúde, deu uma das poucas entrevistas de sua vida a um repórter:

> À primeira vista, o José Leandro Andrade com quem tivemos a oportunidade de conduzir uma breve conversa não parece afetado por uma doença grave. Ele deve ter emagrecido um pouco se comparado a quando deixou Montevidéu, mas definitivamente não parece estar sofrendo. Quando falamos com ele, a impressão mudou. Andrade é parcimonioso com as palavras, e aqueles que o conhecem há algum tempo acreditam ver um ar de depressão em seu rosto. Perguntamos sobre sua saúde e Andrade responde: "Voltei porque estou me sentindo meio mal, e vou seguir um tratamento aqui para me recuperar totalmente o mais rápido possível. Aqui em Montevidéu tenho a certeza de que as coisas vão correr bem. Confio mais em nossos médicos que nos médicos do exterior".

As coisas nunca mais correriam bem para Andrade. Sempre cansado, ele mal conseguiu fazer parte da seleção uruguaia que conquistou a segunda medalha de ouro em 1928 na Holanda. O fato de ele ter participado da equipe que ganhou a primeira Copa, em 1930, deveu-se provavelmente mais à expectativa dos jornalistas e do público que à qualidade de seu futebol. Tudo o que sabemos com certeza é que as massas cada vez mais numerosas que acompanhavam o futebol naquela época ainda queriam ver Andrade, o astro negro. Depois da Copa de Montevidéu, porém, seu futebol e sua saúde se deterioraram para sempre. Embora José Leandro Andrade tenha vivido por mais quase três décadas, ele foi incapaz de ficar num emprego, e parece ter passado por todos os estágios implacáveis da deterioração sifilítica. Três dias depois de seu aniversário de 57 anos, em 4 de outubro de 1958, ele morreu. Seu corpo foi velado na casa da irmã Nicasia, mãe de Víctor Rodríguez Andrade, que jogou na equipe que contrariou todas as expectativas e deu a segunda Copa ao Uruguai diante do Brasil, no Maracanã, em 1950.

Até agora, essa conclusão teve a estrutura de uma litania. Numa reiteração constante, ela evocou nomes do passado cujos destinos paralelos foram todos decepcionantes, muitos deles beirando a tragédia. Mas embora essas minibiografias acumuladas convirjam para mostrar como, com tanta freqüência, a vida dos grandes atletas é desperdiçada, espero que elas tenham despertado em você um impulso de gratidão, pelo menos em quem goste tanto como eu de assistir a esportes e que possa talvez ter visto alguns desses atletas em seu apogeu. Como disse no começo, acho essa gratidão, pelo menos minha própria gratidão para com os atletas que mencionei aqui, estranhamente intransitiva. Intransitiva em alguns casos historicamente remotos, como o de José Leandro Andrade, porque não sabemos — e jamais saberemos — que tipo de performance despertou ondas tão fortes de um desejo quase erótico. Intransitiva também até no caso de Mané Garrincha, meu jogador de futebol favorito de todos os tempos, cujos movimentos e dribles me orgulho de lembrar com uma precisão quase documental. Sim, eu gostaria que Garrincha tivesse tido uma vida melhor e uma morte menos miserável — mas mesmo que ele ainda estivesse vivo, como um ícone brasileiro bem conservado de setenta e poucos anos, qual seria a chance de eu poder apertar sua mão, agradecido, e contar a ele a verdade, que poucas coisas me deram tanto prazer na vida quanto suas jogadas estarrecedoramente belas? E, mesmo se eu pudesse, de que adiantaria?

Por muito e muito tempo não fui capaz de encontrar uma resposta para essa pergunta, que no fim converge com a pergunta de por que deveríamos nos dar ao trabalho de louvar a beleza atlética. Então, por motivos completamente independentes do meu interesse no esporte, reli uma entrevista dada por um antigo colega que eu admirava muito como intelectual, romancista e poeta. Era o eminente medievalista Paul Zumthor, de cuja presença e sabedoria tenho saudade desde sua morte, em 1995. Questionado sobre sua motivação pessoal para a enorme explosão de produtividade intelectual em seus anos de aposentadoria, Zumthor deu a seguinte resposta:

> Estou tentando me convencer de que não é minha responsabilidade e nem mesmo problema meu se, um dia, minha saúde, alguma circunstância aleatória ou meu destino impossibilitarem que eu continue trabalhando — e acabarem sendo minha morte. O que admito como minha responsabilidade é muito diferente: está em imaginar projetos de trabalho para que, através deles, eu me mantenha na vida; e, se possível, essa responsabilidade também está em tentar concluir esses projetos, de forma a mostrar à vida que eu a amo.

Paul Zumthor me fez entender que lembrar Jesse Owens, Wilma Rudolph e Mané Garrincha, elogiar a graça de Muhammad Ali e tentar tornar novamente presentes a performance de Akebono e de Diego Maradona tem sido uma forma de manifestar gratidão pela vida que tenho e que estou vivendo. Elogiar a beleza atlética é uma resposta a esse impulso de gratidão — mas ela tem de permanecer intransitiva, sem destinatários específicos. Como minhas palavras jamais chegarão aos ouvidos de meus antigos heróis, e como não tenho deuses para quem rezar, o que escrevo pode mesmo se transformar em "gratidão para com a vida". Pode se transformar em uma coisa tão particular — e alguns diriam tão sem sentido — quanto "mostrar à vida que eu a amo".

Por fazer declarações tão efusivas como essas eu já fui tanto elogiado como criticado, nos últimos anos, por ser um "pensador religioso inadvertido" ou por promover um "tipo estranho de vitalismo". Bem, por que não — mas, de novo, por quê? Embora não o evite ativamente, certamente me considero incapaz de participar de qualquer coisa que possa ser chamada de religião. Ao mesmo tempo, é verdade que há muito tempo sinto melancolia, e às vezes até irritação, com o tom supercerebral da fala e dos escritos dos acadêmicos (apesar de não duvidar de que sou uma personificação bastante típica dessa espécie). Será que eu assisto aos atletas — e adoro admirá-los — no sentido do mais famoso conceito de amor do *Banquete* de Platão? Seriam os atletas, para mim, em toda sua graça e elegância, com sua violência e sua inadequação para a vida normal, aquela "outra metade" de mim mesmo na qual não consegui me transformar?

Era com essa fantasia que pretendia terminar meu livro, quando meu amigo, o filósofo Martin Seel, me escreveu dizendo achar meio "engraçada" a idéia de que nos apaixonamos porque queremos nos completar, e me fez lembrar como seria estranho encerrar um livro de elogio da beleza atlética conjurando Platão como o maior ícone do idealismo filosófico. Martin me deu então as palavras que eu mesmo devia ter encontrado para concluir: "Quando assistimos a esportes, gozamos, em nossa imaginação, de vidas que jamais teríamos talento ou tempo para viver". E ser grato por essas possibilidades, como mc escreveu Miguel Tamen no mesmo dia que Seel, com a diferença de apenas alguns minutos, "às vezes mostra que está tudo bem conosco, que nosso trânsito terreno não é marcado por ressentimento, mas por entusiasmo e admiração, pela idéia de que o que acontece é mais importante que a idéia de que tem de acontecer conosco". Estou satisfeito em concluir meu hino em louvor à beleza atlética com essas observações emprestadas, e agradecido, de modo bem transitivo, a meus amigos por me terem cedido tão generosamente suas palavras quando as minhas começaram a falhar.

Agradecimentos

Este livro fala, em suas páginas finais, da gratidão que sinto para com tantos atletas do passado e do presente — uma gratidão por "me manter na vida" que provavelmente jamais conseguirei levar àqueles que acompanho e que admiro com tanto ardor. Felizmente, a gratidão nem sempre tem de ser intransitiva. Gostaria de aproveitar esta oportunidade para manifestar um sentimento mais transitivo de estima a amigos e colegas que, por muitos anos, paciente e benevolentemente, deram seu apoio a meu trabalho sobre os esportes e me ajudaram a dividir meu entusiasmo, de forma tão revigorante quanto uma tarde no estádio.

Quero começar agradecendo aos intelectuais em cujos ensaios e livros aprendi tanto, sem nem citá-los pelo nome. Por motivos que espero sejam evidentes em si, *Elogio da beleza atlética* não tem notas de rodapé, mas eu jamais o teria escrito sem as percepções de Allen Guttmann, que é nada menos que o mestre de todos os historiadores do esporte; Glenn Most, que, sem ser um fã, escreveu sobre os atletas da Grécia antiga de um modo mais inspirador do que teriam escrito entusiastas menos competentes; e Gunter Gebauer, com quem não concordo em quase nada sobre esporte, mas cujos pensamentos admiro e cujos argumentos vigorosos freqüentemente temi. E gostaria de lembrar Josef Göhler, cujas séries na barra fixa me fizeram, junto com meus companheiros adolescentes de classe, perceber que até um intelectual pode amar a performance de belos corpos.

Dentre os muitos amigos com quem travei intensas discussões enquanto escrevia, dois dividiram com generosidade tamanha mais idéias do que eu poderia começar a reconhecer aqui: o incrivelmente afiado Martin Seel e o incrivelmente intuitivo Miguel Tamen. Gostaria de incluir nessa *Légion d'honneur* de patrocínio intelectual meu vizinho de escrivaninha Bliss Carnochan, por me fazer reescrever mais que um capítulo inteiro (coisa que de início não gostei nada); Felicitas Noeske, por ser uma autoridade sem nunca ser autoritária; Nico Pethes, por não me permitir deixar de ser teórico; Lucia Prauscello, por preocupar-se com quanto tempo de sono eu tinha (na Green Library e em casa); Henning Ritter, por me indicar mais bons livros que o leitor vagaroso aqui conseguiria absorver; e Michael Zink, por lembrar que o número de jogadores de um time de futebol não é tão óbvio assim.

Alguns outros amigos interferiram com o equivalente intelectual ao "serviço perfeito": agradeço a Karl Heinz Bohrer por não me deixar sair com opiniões fáceis sobre a estética; Horst Bredekamp por me salvar da complacência (ao dizer ao nobre público alemão que Michelangelo teria admirado Jesse Owens); Monika Fick por se importar com as paixões de seus amigos; Nina Buhre por apresentar uma competência mais providencial que a vista pode enxergar; Ruben Gallo por me mostrar tantos estádios, quando eles realmente eram importantes; Chris por ajudar no meu estilo; Marco por um "acerto" (como conceito e quase como coisa concreta); Yasushi Ishii pelos comentários que me fizeram continuar (embora eu nunca os tenha entendido direito); Joachim Küpper e Andreas Kablitz por uma conversa deliciosa (não sobre esporte) no momento certo; Ulla Link-Heer por fazer chover quando eu falava; Aldo Mazzuchelli por nada menos que a vida de Andrade e as belas palavras em espanhol; Thomas Pavel por um circo (sendo um circo); Ludwig Pfeiffer por concordar em discordar, em espírito (porque numa competição esportiva eu não poderia mesmo com ele); Irina Prokharova por rir das minhas piadas tão acadêmicas; Mads Rosendahl por me ajudar a ver o basquete de Stanford da perspectiva de Copenhague; Violeta Sánchez por algumas touradas; Sara por ser uma *Sternchen*; Bernhard Siegert pela Weimarer Kulturtechnik; Ellen Todd por me indicar os "gestos" de Federer; Michael Walter por ser sempre o oposto do *nonsense*; David Wellbery pela agudeza cruel de tão educada; e Wolfgang Welsch por dividir a paixão com uma tranqüilidade incomparável.

Algumas pessoas ajudam um escritor a escrever só por fazê-lo acreditar que gostariam de ler suas palavras, mesmo quando o escritor sabe, lá no fundo, que elas têm coisas bem melhores para fazer na vida. Os campeões dessa complexa e subestimada arte são Chi Elliott, que acha meu estilo minimalista; Petra Hardt, que conseguiu me relembrar (e depois me fazer esquecer de novo) que os livros também são para ser vendidos; Brigitte Landes, que deveria continuar sendo o que já é, uma luz da mágica da inspiração; e Arnold Rampersad, cuja dignidade admiro ainda mais que suas biografias. Também quero agradecer a Bernd Stiegler por suas expectativas tão leves; Margaret Tompkins por, entre outras coisas, sua crença de que Sam possa jogar por Stanford ou pela USC; e Rainer Weiss, que, por todos os bons motivos do mundo, confiou mais em Egon Loy que no comércio natalino.

Susan Wallace Boehmer, que extirpou o narcisismo professoral com a elegância de um cirurgião e com o charme de uma intelectual aristocrata e me fez acreditar que meu manuscrito valia o investimento de mais um verão, ajudando-me a gostar de alguns de seus "momentos" menos acadêmicos. Mas ela não teria tido a chance de fazê-lo se Lindsay Waters não tivesse logo farejado o desleixo (nenhum ser humano é tão bom em farejar desleixo!). Também quero agradecer a meus estudantes e colegas da Escola de Teoria Crítica da Universidade de Cornell, que no verão de 2005 toleraram a reescritura de um livro cujo conteúdo não tinham como apreender. Com Robbie Harrison (que me ensinou como é importante saber sobre a morte) eu quase não conversei sobre este livro antes de ele estar pronto; mas saber que ele estava apostando nele o transformou numa obrigação religiosa.

Assim como a instituição que o patrocinava, o prédio (que já não existe mais) de Stanford em Kyoto era um lugar ideal para ficar perdido-na-escritura. Durante minha estada ali, Eiko Fujioka me apresentou ao Hanshin Tigers; Erin Gardener conseguiu me enganar todas as manhãs; Kenny Gundle fumava no pátio, apesar de todos os seus compromissos ecológicos; Lisa Honda escolheu o melhor saquê; Shawn Standefer sabia quando eu precisava muito conversar; e Anjou Chen simplesmente perfeita, apesar de ter ido para Harvard.

Mas não havia nenhum lugar melhor no mundo (pelo menos para mim) para escrever que a Universidade de Stanford, porque nenhum outro lugar consegue ser melhor que a Grécia antiga (e estou falando sério) em fundir esporte e academia. Esse milagre acontece todo dia, o ano todo, graças a pessoas como Seyi Aboleji, cujos passes são tão suaves quanto sua mente é aguçada; Matt Doyle, que personifica o que há de melhor nesta universidade; Josh Landy, que não me deixa nunca esquecer o futebol; Ted Leland, que por ser um gênio e ter a aparência de um técnico de futebol americano manteve as coisas unidas; Trina Marmarelli, que faz convergir os ritmos dos jogos e os da poesia; Pablo Morales, que deu a humanistas mudos a língua dos atletas; Rick Schavone, que nunca pára de tentar algo novo; Matthew Tiews, que voltou; Bill Walsh, que falava sobre os fãs europeus e americanos nos vôos para Annapolis; o técnico Walt Harris, que sabe (tanto quanto eu) que gostar de cheiros é coisa de homem; e o técnico Tyrone Willingham, cuja grandeza permaneceu e ficará para sempre presente entre nós.

Ricky, Sara e Laura são mais belas e mais emocionantes para mim que as maiores jogadas que já vi — e, ao contrário das jogadas, elas nunca desaparecem.

ESTA OBRA FOI COMPOSTA PELO ACQUA ESTÚDIO EM MINION E IMPRESSA PELA GRÁFICA BARTIRA EM OFSETE SOBRE PAPEL PÓLEN SOFT DA SUZANO PAPEL E CELULOSE PARA A EDITORA SCHWARCZ EM AGOSTO DE 2007